Andreas Steidel

Glaubenswege für Genießer

Der Schwarzwald

W0290607

Edition Evangelisches Gemeindeblatt

Fotos:
Landgasthof König von Preußen (S. 12), Roy Kieferle (S. 13), Gartenschau Bad Herrenalb (S. 14, 15), Liebenzeller Mission (S. 29, 30), Kloster Kirchberg/Berneuchener Haus (S. 34, 40, 41, 42, 44), Rainer Lutz (S. 43), Schwarzwald Tourismus GmbH (S. 60, 65, 109, 118), Heinrich Hansjakob Museum (S. 87), Kolleg St. Blasien (S. 133, 135), Faller Marmelade (S. 138).
Alle übrigen Bilder: Andreas Steidel und Katja Pfrommer

Die Deutsche Bibliothek verzeichnet diese Publikation in der Deutschen Nationalbibliografie; detaillierte bibliografische Daten sind im Internet über http://dnb.ddb.de abrufbar.

Augustenstraße 124, 70197 Stuttgart, Telefon 0711/60 10 00, Fax 0711/6 01 00 76, www.verlag-eva.de

Gestaltung und Satz: Cornelia Fritsch, Leinfelden-Echterdingen
Lektorat: Isolde Bacher, text_dienst, Stuttgart
Umschlag- und Kartengestaltung: Lukas Kretzschmar, tebitron GmbH, Gerlingen
Reprografie: tebitron GmbH, Gerlingen
Druck: CPI – Ebner & Spiegel, Ulm
ISBN 978-3-945369-83-8

INHALT

VORWORT

Die Reihe „Glaubenswege für Genießer“

Menschen kehren gerne ein. Dieser Reiseführer soll sie dabei begleiten. Er ist der zweite Band in der Reihe „Glaubenswege für Genießer“. Im ersten Band ging es um die Schwäbische Alb, ihre wunderbaren Wege und Wirtschaften. Viele Leserinnen und Leser haben die Lektüre genossen und natürlich die anschließende Einkehr – und uns das auch zurückgemeldet.
Vielen Dank dafür!

Deswegen machen wir nun gerne weiter, und zwar mit dem Schwarzwald, dem anderen großen Mittelgebirge im Lande. Lassen Sie sich wieder mitnehmen zu Einkehrpunkten der unterschiedlichen Art: zu den Glaubenswegen, den spirituellen Wegepunkten inmitten einer schönen Landschaft, aber auch zu Hütten und Wirtshäusern, in denen man gut essen und trinken kann. Eine Stärkung für Leib und Seele, Nahrung für den Geist und für den Körper, mit praktischen Tipps für Anreise, Übernachtung und Tourenplanung: Das ist die Idee dieser Reihe aus der „Edition Evangelisches Gemeindeblatt“.
Sie erschließt bekannte Landschaften und Wege auf neue Art und Weise. Mit den Augen derjenigen, die sich für Glaubensfragen interessieren. Es ist ganz erstaunlich, was man dabei entdecken kann. Geschichten von Menschen, die dort gelebt haben und heute noch leben, von Glaubenskämpfen aus alter Zeit und Spuren in der Gegenwart, die es zu entdecken gilt. Die vielen Kleinode am Wegesrand, die einen Abstecher lohnen: Man muss nur wissen, wo sie sind und was sie uns zu erzählen haben.

Die Buchreihe „Glaubenswege für Genießer“ soll eine Orientierungshilfe sein. Eine anregende Lektüre und ein Appetitmacher für all diejenigen, die sich auf den Weg machen wollen, weil sie sich, ihrem Geist und ihrem Körper etwas Gutes tun wollen. Dabei kommt es nicht darauf an, ob man nun viel, wenig oder überhaupt nicht wandern will: Sämtliche Vorschläge können nach Belieben abgekürzt, variiert oder auch auf andere Art und Weise erlebt werden. Der Weg ist das Ziel und von beiden darf man immer wieder auch ein Stück abweichen.

Glaubenslandschaft Schwarzwald

Der Schwarzwald ist das größte und höchste Mittelgebirge in Deutschland. Eine immergrüne Waldlandschaft mit mächtigen Tannen, urigen Tälern und lauschigen Bächen, in denen das Wasser in üppiger Fülle plätschert. Sie erstreckt sich vom badischen Karlsruhe bis zur Schweizer Grenze, von den Ausläufern der Schwäbischen Alb bis zum Rheingraben. Entsprechend groß ist ihre Vielfalt, an Menschen und Mentalitäten, Dialekten und Glaubenstraditionen, Naturräumen und kulturellen Sehenswürdigkeiten. Eine große Zahl von Herrschern und Herrschaften hat hier Spuren hinterlassen, in den entlegenen Tälern des schwarzen Waldes gründeten sie Klöster und ließen für sich beten.

Die Klöster sind die frühesten Zeugen des Christentums im Schwarzwald. Manche von ihnen sind heute noch bewohnt, von Mönchen und Nonnen, die wie in alten Zeiten Gottesdienst feiern, auch wenn sich die Welt um sie immer mehr verändert. Dieser Reiseführer nimmt Sie mit auf Glaubenswege im Schwarzwald, zu den Schwestern vom Heiligen Josef ins Münstertal und zu den Jesuiten in St. Blasien, bei denen schon Heiner Geißler in die Lehre ging.

Auf dem Kapellenweg im Mittleren Schwarzwald kann man zur Ruhe kommen, in kleinen Kirchlein, die nur ein paar Plätze haben und überraschend oft auch Getränke für ihre Besucher. Gastfreundliche Badener! Fleißige Württemberger! Die alte Landesgrenze geht mitten durch den Schwarzwald, die alte Glaubensgrenze ebenfalls.

Tiefkatholisch und badisch sind sie im Süden, im Norden haben die schwäbischen Protestanten das Sagen. Dann gibt es noch die Mischwesen: Badener, die einst Württemberger waren und bei einem Gebietsschacher über die Grenze geschoben wurden. So kommt es auch, dass im überwiegend katholischen Schwarzwald ausgerechnet die Trägerinnen des berühmten roten Bollenhuts evangelisch sind. Der protestantische Herzog von Württemberg hatte ihnen die Kopfbedeckung einst verordnet, bevor er den Landstrich den Badenern überließ.

Vor Kurzem wurde ein anderes Stück Schwarzwald der Natur überlassen. Im ersten Nationalpark Baden-Württembergs kann man der Schöpfung ganz nahe kommen und durch eine Landschaft pilgern, die sich mehr und mehr in eine Wildnis zurückverwandelt. Zu den schönsten Inseln dieser Schwarzwälder Wildnis gehören ihre ausgezeichneten Hütten und Landgasthöfe mit ihren Schwarzwälder Spezialitäten, von denen der Schinken und die Kirschtorte die bekanntesten sind. Einkehrziele für den Leib, die die Glaubensorte für die Seele ideal ergänzen.

Alle Einkehrorte in diesem Buch sind ausprobiert. Das Dorfgasthaus und die Kirche, der stille Wanderweg und das viel besuchte Ausflugsziel. Wer auf Glaubenswegen durch den Schwarzwald geht, kann ihn mit allen Sinnen und in aller Ruhe entdecken. Die zwölf Kapitel dieses Buches können ein Wegbegleiter sein und eine Einstimmung. In jedem Fall aber eine Lektüre, die diese mystische Landschaft mit ihren hohen Tannen und Buchen näherbringt. Viel Vergnügen beim Lesen und beim Reisen!

Andreas Steidel

FRAUENALB
KLOSTERPFAD
HERRENALB
01 1066

HERRENALB/FRAUENALB

Adlige Damen und ein König von Preußen

Nur fünf Kilometer voneinander entfernt liegen die Klöster Herrenalb und Frauenalb. Ihre Wurzeln sind dieselben, doch später gerieten sie zwischen die Fronten.

Das Zollhäuschen kann sprechen. Mitten im Wald steht es, rot und blau lackiert, und erzählt etwas aus der Zeit, als hier die Grenze zwischen Baden und Württemberg verlief. Man muss nur an einer Kurbel drehen und kann dann leicht amüsiert den Geschichten der Vergangenheit lauschen. Auf der einen Seite das großherzogliche Wappen von Baden, auf der anderen Seite das Hoheitszeichen des Königreichs der Württemberger.

Das königlich württembergische Wappen prangt am Zollhäuschen mitten im Wald.

Das Zisterzienserkloster Bad Herrenalb kam erst im Bauernkrieg unter die Räder, dann im Gefolge der Reformation. 1534 wurde die Abtei geschlossen, 1556 in eine evangelische Klosterschule umgewandelt. Im Dreißigjährigen Krieg fielen schwedische Truppen ein und zerstörten 1642 die Gemäuer vollends, danach überließ man die Ruine sich selbst. Wer brauchte in einem evangelischen Land schon ein altes Kloster? Aus den Mauerresten des einstigen Paradieses wächst heute eine Kiefer heraus. Die Vorhalle der früheren Klosterkirche ist ein romantisches Relikt aus der Vergangenheit, ein Ort für Träumer, Fotografinnen und Fotografen, für verliebte Pärchen und rastende Wanderer.
Einen Teil der Klosterkirche hat man wiederaufgebaut, er ist heute die evangelische Kirche von Bad Herrenalb. Nur die Sakristei und der Chor sind mittelalterlich, der Rest ein durchaus bemerkenswertes Stück Baugeschichte aus dem 18. und frühen 20. Jahrhundert, als ein Hofmaler das Gewölbe in den Farben des Jugendstils ausmalte.

Die Vorhalle der ehemaligen Klosterkirche.

Die Geschichte des Nonnenklosters Frauenalb hat einen ganz anderen Verlauf genommen. Rund zwei Stunden dauert der

Einfach bezaubernd: die Türme der Klosterruine Frauenalb.

Weg von Bad Herrenalb dorthin. Ein schöner Sonntagsspaziergang ohne nennenswerte Steigungen, der erst durch den Kurpark geht und dann entlang des Flüsschens Alb über die Schweizer Wiese. Nach ein paar Kilometern im Wald steht man vor den beiden hohen Türmen der Ruine Frauenalb.

Das adelige Frauenstift lag im Einflussbereich des Hauses Baden. Das hatte sich 1535, kurz nach Beginn der Reformation, geteilt in eine protestantische und eine katholische Linie. Frauenalb hatte Glück und gehörte zum Herrschaftsbereich der katholischen Baden-Badener. Doch als die 1594 unter die Zwangsverwaltung des protestantischen Familienzweigs gerieten, war es mit dem Kloster vorbei. Die Abtei wurde geschlossen, nun schien es den Frauenalberinnen wie den Herrenalbern zu gehen.

Der Dreißigjährige Krieg aber brachte eine neuerliche Wende, diesmal zum Vorteil der Nonnen im Albtal. 1631 durften sie zurückkehren und sogar bleiben. Denn im Westfälischen Frieden erhielt das katholische Baden-Baden seine alten Besitzungen zurück, inklusive der verwaisten Klöster.

Es war der Beginn von Frauenalbs zweiter Klosterkarriere. Ein großer barocker Neuanfang mit reger Bautätigkeit. 1704 wurde das dreigeschossige Konventgebäude eröffnet, 1733 die Kirche. Ihre Doppeltürme erinnern an das Kloster St. Peter im Südschwarzwald, was kein Zufall ist, denn in beiden Fällen war Peter Thumb der Architekt. Sie bestimmen noch heute das Bild, ragen mit ihrer schmucken Giebelfassade monumental aus dem dunklen Tannenwald heraus.

Jähes Ende: Mit der Säkularisation wird das Kloster Frauenalb aufgelöst.

Das Ende kam 1803. Napoleons Herrschaft brachte die Säkularisation und die Verstaatlichung sämtlicher Kirchengüter. Frauenalb wurde Militärlazarett, Lackwarenfabrik und Brauerei. Als 1853 ein Feuer das Kloster vernichtete, hatte niemand mehr Interesse daran, es wiederaufzubauen. Die alte Abtei versank in einem hundertjährigen Dornröschenschlaf, erst um 1960 wurde sie wiederentdeckt und restauriert.

Frauenalb ist ein verträumter Weiler und gehört heute zur Gemeinde Marxzell. Zu seinen markanten Gebäuden zählt auch ein Gasthof gleich neben der Klosterruine: der „König von Preußen“. Ein ebenso ungewöhnlicher wie rätselhafter Name. Womöglich hat ein Wirt damit seine Preußenbegeisterung kurz nach der Reichsgründung 1871 zum Ausdruck bringen wollen. Den heutigen Besitzern kann das nur recht sein, denn

Tradition und Zukunft: René und Roy Rath führen den „König von Preußen" weiter.

wer im Internet nach einem König von Preußen sucht, landet nicht selten bei ihnen auf der Homepage.

Vor wenigen Jahren haben zwei blutjunge Brüder das alte Wirtshaus übernommen und in ein modernes Restaurant mit Hotelbetrieb verwandelt. René und Roy Rath haben den König von Preußen zu einem Aushängeschild der Region gemacht, servieren Schwarzwaldforelle, Wildteller, argentinisches Steak und französische Gourmetplatten. Regionales und Internationales auf sehr gutem, aber nicht abgehobenem Niveau.

Das ist nicht untypisch für das Albtal und seine Wirte. Die Gegend zwischen Ettlingen und Bad Herrenalb, Dobel und Waldbronn ist eine Hochburg der guten Gastronomie und der erstklassigen Erzeuger. Viele von ihnen haben sich in der Kooperation „Feine Adressen" zusammengeschlossen. Zwei Sterne-Restaurants sind darunter, der König von Preußen, das Villa-Watthalden-Ensemble, ein Bäcker, ein Metzger und ein Konditor. Jährlich laden die „Feinen Adressen" zu einem Genießerabend ein und zu einer kulinarischen Dampfzugfahrt.

Leckerbissen aus der Küche der „Feinen Adressen" im Albtal.

ROY KIEFERLE: **MEIN TIPP FÜR DIE NATURKÜCHE**

Bärlauch und Roy

Roy Kieferle (72) aus Dobel ist einer der Pioniere der gesunden Kräuterküche. Er hat sogar schon den VfB Stuttgart bekocht.

Als ich 1978 mit meiner Naturküche begonnen habe, war ich ein Exot. Eine Bauchspeicheldrüsenerkrankung hat mich zum Umdenken gezwungen, seither koche ich gesund mit vielen natürlichen Kräutern. Irgendwann war das dann auch in der Gesellschaft gefragt. Große Fußballvereine wie der VfB Stuttgart und Bayer Leverkusen kamen auf mich zu und wollten etwas darüber wissen. Gesunde Ernährung als Schlüssel zum sportlichen Erfolg, plötzlich war das ein Thema.

Vor ein paar Jahren habe ich den Bärlauch für mich entdeckt, ein wahres Wundermittel, das Giftstoffe aus dem Körper schwemmt. Man kann es mit so vielen wunderbaren Dingen kombinieren, mit Ziegenquark und Dinkelbrot zum Beispiel. Jedes Jahr mache ich Bärlauch-Exkursionen und Kochkurse. Die gesunde Ernährung ist der Grund dafür, dass ich mit über 70 immer noch arbeiten kann und mich gut fühle.

Seit 40 Jahren ist das Wagnerstüble in Dobel meine Heimat. Die gute Luft hier und die natürliche Umgebung passen einfach zu meiner Küche: www.roykieferle.de

Malerisch: das Paradies des Klosters Bad Herrenalb.

Ein Zug verbindet heute auch die Klöster von Bad Herrenalb und Frauenalb. In kurzem Takt verkehren die gelben Wagen der Albtalbahn zwischen Karlsruhe und Bad Herrenalb mit vielen Zustiegsmöglichkeiten für Wanderer.

Wer den Klosterpfad von Bad Herrenalb nach Frauenalb geht, ist mit dem Zug in fünf Minuten wieder zurück. Die Kurstadt

EXTRATIPP

DOBEL UND DER ENGEL-WEG

Der heilklimatische Höhenort Dobel ist eine wunderbare Wandergegend. Er liegt fünf Kilometer oberhalb von Bad Herrenalb und ist eine der Stationen auf dem Westweg. Über das Gaistal kann man von dort auch nach Bad Herrenalb wandern.

Lohnenswert ist außerdem ein Ausflug ins nahe Eyachtal mit seinen Fischzuchten. Dort kann man frische Schwarzwaldforellen essen: www.fischzucht-zordel.de

Dobel ist im Winter ein hervorragendes Langlaufrevier und hat überdies eine Vielzahl interessanter kurzer Themenwege zu bieten: so etwa den Europawanderweg, der am Aussichtsturm

Ganz natürlich: Das Flüsschen Alb wurde anlässlich der Gartenschau renaturiert.

Bad Herrenalb ist einen etwas längeren Aufenthalt wert. 2017 hat sie ihr Gesicht verändert: Eine Gartenschau hat dafür gesorgt, dass der Kurpark und die Kurpromenade komplett neu gestaltet wurden.

Nun sind dort auch die Ufer der Alb wieder zugänglich, jenes kleinen Flusses, der dem Tal seinen Namen gab. Im Gegensatz

beginnt und die Länder der EU thematisiert. Beschaulich und besinnlich ist der Engel-Weg. Er wird von Engelsbildern verschiedener Künstler gesäumt und führt zum Buntsandstein-Naturdenkmal Volzemer Stein. Start an den Parkplätzen Horntannhalde oder Jägerbrunnen: www.dobel.de. Ein neues Gruppenangebot ist die Wanderung „Abendglühn" mit dem Kräuterkoch Roy Kieferle und dem Wanderführer Erwin Schottler: www.albtal-tourismus.de

Ein Ort zum Verweilen: das Kurhaus in Bad Herrenalb.

zum König von Preußen ist dieser Name allerdings nicht einmalig, sodass viele an die Schwäbische Alb denken, wenn sie vom „Albtal" hören.

In Karlsruhe fließt die Alb in den Rhein. Ihr Wasser war einer der Gründe, warum die Klöster sich dort im Tal ansiedelten. Vor allem die Zisterzienser unterhielten ein weites System von Kanälen und Fischteichen. Fisch war eine Fastenspeise und eine Zisterzienserabtei wie Herrenalb auf Selbstversorgung bedacht.

Dass Bad Herrenalb zisterziensisch war, Frauenalb aber benediktinisch, gehört zu den vielen Rätseln im Tal, zumal die Gründung kurz hintereinander durch ein und dieselbe Adelsfamilie erfolgte. Womöglich hängt es damit zusammen, dass die Zisterzienser bis 1220 keine Frauenklöster in ihren Reihen duldeten, die Benediktiner aber schon seit der Synode von 816 Nonnen akzeptierten.

Die Grenze zwischen Herrenalb und Frauenalb ist bis heute ein Thema. Bad Herrenalb gehört zum württembergischen Landkreis Calw, Frauenalb zum badischen Landkreis Karlsruhe. 2017 hatten die Bad Herrenalber in einer Volksabstimmung mit knapper Mehrheit für einen Landkreiswechsel votiert, weil viele sich Karlsruhe mehr verbunden fühlen als Calw.

Sollte der Wechsel von der Landesregierung tatsächlich umgesetzt werden (was mehr als fraglich ist), wären Herrenalb und Frauenalb tatsächlich wieder vereint. Fast so wie damals bei den Ebersteinern, als die vor 800 Jahren auf eigenem Grund und in unmittelbarer Nachbarschaft zwei Klöster gründeten.

Wie auch immer die politischen Verhältnisse geregelt sind: Am Grenzhäuschen im Wald wird schon lange keiner mehr kontrolliert. Wer heute hier hält und sich mit den Zollformalitäten herumschlägt, tut dies aus reinem Vergnügen.

Kultur und Kulinarik: das Grenzhäuschen auf dem Klosterpfad und das Picknick auf der Wiese.

INFORMATIONEN

ANFAHRT

Bad Herrenalb und Marxzell-Frauenalb sind sehr gut mit der Albtalbahn zu erreichen. Sie verkehrt in kurzen Takten zwischen Bad Herrenalb und Karlsruhe, der Haltepunkt in Frauenalb liegt direkt neben dem Kloster, vom Bahnhof Bad Herrenalb ist es bis zum Kloster ein Kilometer: www.avg.info

WANDERN

Der Klosterpfad zwischen Frauenalb und Herrenalb ist ein fünf Kilometer langer, ebener Talwanderweg mit sieben Informationstafeln, es gibt auch eine kindgerechte Variante. Rückfahrt mit der Albtalbahn: www.klosterpfad.de
Wer etwas länger wandern will, hat auf den Schwarzwaldhöhen rund um Bad Herrenalb zahlreiche Möglichkeiten. Besonders schön ist die 15 Kilometer lange „Große Runde über die Teufelsmühle“: www.albtal-tourismus.de

KLÖSTER

Die Klosterruinen von Herrenalb und Frauenalb sind frei zugänglich, die Kirche von Bad Herrenalb ist von Dienstag bis Sonntag ganzjährig geöffnet. Führungen in Bad Herrenalb übers Pfarramt Telefon (07083-524255, www.bad-herrenalb-evangelisch.de), in Frauenalb über Gerhard Stöckle (Telefon 07248-267, www.stiftung-frauenalb.de).

FAHRZEUGMUSEUM

Ein Unikum ist das private Fahrzeugmuseum in Marxzell. Dort ist alles vom Oldtimer bis zum Eisenbahnwaggon und Plattenspieler versammelt.
Eine ebenso einmalige wie schräge Kollektion:
www.fahrzeugmuseum-marxzell.de

EINKEHREN

König von Preußen: Hervorragender Landgasthof mit Hotelbetrieb und sympathischen jungen Wirtsleuten direkt am alten Kloster in Marxzell-Frauenalb: www.koenig-von-preussen.eu

Schwitzers: Sterne-Restaurant, Brasserie und Hotel in einem. Ein junger, aufstrebender Betrieb in Waldbronn mit Niveau und exzellentem Service: www.schwitzers-hotel-am-park.com

Café Konditorei Schubert: Bad Herrenalbs Vorzeigebetrieb in Sachen Backwaren. Vor allem die Heidelbeertorte ist ein Gedicht: www.cafe-schubert.com

INFORMATIONEN

Feine Adressen: Kooperation von Wirten und Erzeugern im Albtal mit hochwertigen Angeboten. Es gibt jährlich einen Genießerabend und eine kulinarische Dampfzugfahrt: www.albtal-tourismus.de/feine-adressen

ÜBERNACHTEN

Hotel Watthalden: Rund um eine alte Fabrikantenvilla in Ettlingen gibt es ein Hotel, eine Brasserie und ein gehobenes Restaurant: www.hotelwatthalden.de, www.hartmaiers.de

ALLGEMEINE AUSKUNFT

Tourismusgemeinschaft Albtal Plus, Schlossplatz 3, 76275 Ettlingen, Telefon 07243-3549790, www.albtal-tourismus.de

Burg
BURG
Bad Liebenzell

HIRSAU UND LIEBENZELL

MÖNCHE UND MISSIONARE

Das Nagoldtal war schon immer ein Ort der Glaubenserneuerer: Erst kam Abt Wilhelm von Hirsau, dann die Reformation, schließlich der Neupietismus mit der Liebenzeller Mission. Sie alle haben hier noch heute ihren Platz.

Manchmal genügt es, einfach dazusitzen und zu schweigen. Die alten Gemäuer des Benediktinerklosters Hirsau laden förmlich dazu ein. Die Stille im Kreuzgang, die Ruhe vor dem Turm, in dem alle 15 Minuten die Glocken schlagen.

Moderne Kunst am Kloster: der Hirsauer Abt und die Mönche in einer Darstellung von Peter Lenk.

Das wäre ganz im Sinne des legendären Abtes Wilhelm. 1069 kam er ins Nagoldtal, um das Kloster zu reformieren. Die Regel Benedikts sollte wieder in ihrer strengen Form eingehalten werden. Dazu gehörte auch die Beachtung des Schweigegebots. Selbst bei der Arbeit durfte nicht geredet werden. Damit die Verständigung trotzdem funktionierte, entwarf Wilhelm eine Gebärdensprache mit 359 Symbolen.

Im Hochmittelalter war Hirsau das wichtigste monastische Zentrum rechts des Rheins. Viel bedeutender als etwa Maulbronn, das heute den Status eines UNESCO-Weltkulturerbes genießt. Hirsau war ein geistliches Zentrum und gründete beziehungsweise reformierte nach dem Vorbild der französischen Abtei Cluny ein Kloster nach dem anderen. Alpirsbach und Klosterreichenbach etwa, Zwiefalten und Bursfelde.

1091 wurde in Hirsau neu gebaut, nämlich jene gewaltige Anlage, die noch heute als Ruine tiefe Eindrücke hinterlässt. St. Peter und Paul, ein kompletter Neubau mit der damals größten Kirche nördlich der Alpen. Einer ihrer beiden Glockentürme steht noch, der Eulenturm. Ein romanisches Monument, das die Zerstörung im Pfälzischen Erbfolgekrieg 1692

Reizvolle Ruine: das Kloster Hirsau mit dem herzoglichen Jagdschloss.

und die anschließende Abtragung der Ruine durch die Bevölkerung überstanden hat.

Seit 1535 ist das Kloster kein Kloster mehr. Der Wind einer abermaligen Erneuerungsbewegung hat den Konvent hinweggefegt. Die Reformation Martin Luthers verwandelte die Benediktinerabtei in eine evangelische Klosterschule, eine Ausbildungsstätte für evangelische Pfarrer, die das Land Württemberg in großer Zahl brauchte. Hirsau war eines von 13 Männerklöstern in Württemberg, die dafür ausersehen waren.

Gleichzeitig zog der Herzog von Württemberg in die Anlage ein, ließ sich dort 1592 außerdem ein Jagd- und Lustschloss bauen und feierte rauschende Feste im Nagoldtal. Er war der Landes- und der Glaubensvater, der unumschränkte Herrscher, der tun und lassen konnte, was er wollte. So wurde auf sein Geheiß der Klosterbrunnen abgebaut und ins nahe Bad Teinach gebracht.

Rund zehn Kilometer südlich von Hirsau liegt dieser Bade- und Kurort. In ihm vergnügten sich die Reichen und Schönen jahrhundertelang. 1770 soll Herzog Carl Eugen von Württemberg mit einem Gefolge von über 320 Personen hier eingefallen sein. Die heutige evangelische Kirche war einst dem

Herrscherhaus als Hofkirche vorbehalten, das einfache Volk musste zum Gottesdienst in den Nachbarort Zavelstein marschieren.

Die Heilquellen von Teinach waren seit dem Spätmittelalter bekannt. 1835 ließ der König von Württemberg über ihnen ein Badehaus, eine Trinkhalle und ein mondänes Hotel errichten. Besonders Königin Mathilde (1766–1828) hatte sich in Bad Teinach verliebt. Ihr zu Ehren wurde in den Wald eine Staffel mit 600 Stufen hineingebaut, die bis heute ihren Namen trägt. Unwahrscheinlich, dass die dicke Frau die Stufen selbst hinaufkeuchte, aber die Wanderer von heute tun es mit großer Begeisterung. Der Pfad ist Teil des neuen Premiumwanderwegs „Der Teinacher“, mit der romantischen und von Moosen gesäumten Mathildenstaffel als Herzstück. Es gibt sogar aus Buntsandstein geformte Sitzbänke.

Steile Treppe im Wald von Bad Teinach: Mineralwasser gibt es unterwegs gratis.

„Der Teinacher“ trägt seinen Namen nicht zufällig, wer dabei an das örtliche Mineralwasserunternehmen denkt, liegt genau richtig. Es gibt sogar eine holzgeschnitzte Riesenflasche am Wegesrand, in deren Innerem kostenlose Wasservorräte lagern. Der Weg führt hinauf nach Zavelstein, der bis zur Gemeindereform 1975 kleinsten Stadt in Württemberg. Jahr für Jahr blüht hier der Krokus auf den Wiesen, ein Überbleibsel aus der Zeit der alten Burganlage und ihres mit exotischen Pflanzen bestückten Burggartens.

Wanderheim (oben) oder Schlossberghütte (unten), die Auswahl ist groß.

In Zavelstein blüht auch die Gastronomie: Berlins Krone Lamm betreibt dort ein Gourmetrestaurant, ein Wellness-Hotel, aber auch ein Wanderheim, in dem man zu Köstlichem einkehren kann. Da muss wahrhaftig keiner verhungern, zumal unten in Teinach mit der Schlossberghütte eine weitere Ausflugsgaststätte eröffnet hat. Auch der Kurpark hinter der zwischenzeitlich wieder eröffneten Therme ist einen Abstecher wert, auf dem Waldweg gibt es Gedenktafeln für Badeärzte, Kurgäste und sogar Martin Luther.

Hirsau und Bad Teinach liegen im evangelischen Teil des Schwarzwaldes. Ein Stück Alt-Württemberg, das mit dem Augsburger Religionsfrieden 1555 in das Lager Luthers gewechselt war. Wer in Württemberg wohnte, musste evangelisch sein oder werden. Und immer mal wieder kamen Evangelische aus anderen Teilen Europas ins Land.

Die Waldenser hatte Herzog Eberhard Ludwig förmlich eingeladen, Glaubensflüchtlinge aus den französisch-piemon-

Therme in Teinach: Das Bad ist von Hügeln und dichtem Wald umgeben.

tesischen Alpen, die nun eine calvinistische Note nach Württemberg brachten. Im Jahre 1700 kamen sie an und siedelten wenige Kilometer von Hirsau und Bad Teinach entfernt im heutigen Neuhengstett.

Das hieß lange Bourcet und über 100 Jahre lang sprachen die Menschen dort Französisch. Viele von ihnen arbeiteten in den Fabriken des Nagoldtals um Calw und gingen Tag für Tag lange Wege. Vor rund zehn Jahren wurde ein Waldenser- und Hugenottenpfad eröffnet, ein Fernwanderweg, der die alten Fluchtrouten nachzeichnet und auch ein Stück weit auf den Höhenzügen über dem Nagoldtal entlangläuft. Der blaue Kreis mit der grünen Welle ist sein Erkennungszeichen.

Wer in Calw am Unteren Welzberg einsteigt, kommt zu einem schönen Aussichtspavillon, der den Blick auf das Kloster Hirsau freigibt. Was Abt Wilhelm für das Kloster war, war Petrus Waldes für die Waldenser, ein Reformer, der die Menschen zum wahren Glauben zurückführen wollte. Erst in Württemberg sollten sie vor der Verfolgung sicher sein, dank eines großmütigen Herzogs, der ein weites Herz hatte und treue Untertanen brauchte.

Wegmarken: das Welsche Häusle und der Waldenserstein. In Neuhengstett wird der Tradition auf vielfältige Art und Weise gedacht.

Von den Tiefgläubigen im eigenen Land hingegen entfernte er sich immer weiter. Das Staatskirchentum war vielen ein Graus, ein oberflächliches Zerrbild dessen, was sie unter Gottesfurcht und Bibeltreue verstanden. Die Folge war der Pietismus, eine Frömmigkeitsbewegung, die auch im Nagoldtal viele Anhänger fand.

Als die Liebenzeller Mission dort Einzug hielt, war der Boden längst bereitet. Um 1902 war die Missionsgesellschaft von Hamburg in den Schwarzwald umgezogen, wo sie nun nicht nur die Welt bekehren, sondern auch den Glauben der Menschen in der Heimat erneuern wollte. So entstand der „Süddeutsche Verband für Evangelisation und Gemeinschaftspflege", aus dem später der Liebenzeller Gemeinschaftsverband hervorging. Geistliche Bewegungen, die heute auch als Neupietismus bezeichnet werden.

Bad Liebenzell und die Mission: Am Berghang auf der rechten Seite liegt das Zentrum der Glaubensgemeinschaft.

Noch immer bestimmen die Gebäude der Liebenzeller Mission das Stadtbild, in seiner Mitte das historische Fachwerkgebäude, mit dem alles begann. Wer das weitläufige Gebäudeensemble mit seiner Hochschule, dem Pflegeheim und den Nebengebäuden überblicken will, braucht nur auf den Turm der Burg Liebenzell hinaufzusteigen.

SCHWESTER HELGA RENATE: **MEIN LEBEN IN DER MISSION**

Ein Gefühl von Geborgenheit

Jahrzehntelang war Helga Renate Weber (80) für die Liebenzeller Mission draußen in der Welt. Jetzt genießt sie den Ruhestand im grünen Schwarzwald.

In Ostpreußen bin ich geboren und in der DDR aufgewachsen.
In Wittenberge habe ich Fotolaborantin gelernt, 1956 sind wir in den Westen geflohen. Ich habe dann eine Stelle in Bern gefunden und dort auch die Liebenzeller Mission entdeckt. Gott hat mich gerufen und ich bin ihm gefolgt hinaus in die Welt. 21 Jahre war ich in Bangladesch, in Papua-Neuguinea und in Kanada. Ich spreche Bengalisch und natürlich Englisch, manche halten mich sogar für eine Engländerin, weil ich irgendwie einen Akzent mit zurückgebracht habe.
Jetzt bin ich im Ruhestand und lebe hier im Mutterhaus in Bad Liebenzell. Das ist wunderbar, ein Gefühl von Heimat und Geborgenheit. Außerdem schätze ich das kühle Klima im Schwarzwald, die Hitze der Tropen, ich könnte sie heute nicht mehr vertragen.
Der Herr ist mein Hirte, dieser Psalm hat mich immer begleitet und getröstet, ich kann ihn sogar noch auf Englisch auswendig: „The Lord ist my shepherd, ... he makes me lie down in green pastures, ... he restores my soul."
www.liebenzell.org

Die Gästehäuser der Liebenzeller Mission im Monbachtal.

Sie liegt genau gegenüber dem Missionsberg und ist über einen schönen Serpentinenweg an der alten Stadtmauer zu erreichen. Der 32 Meter hohe Bergfried öffnet den Blick ins Nagoldtal und die Kurstadt Bad Liebenzell, die ein paar Kilometer nördlich von Hirsau zu finden ist. Der Ort Liebenzell war bis 1603 übrigens badisch, dann verkaufte ihn der Markgraf an

EXTRATIPP

NEUHENGSTETT UND DER WALDENSERPFAD

Die Geschichte der Gemeinde Neuhengstett bei Calw ist eine ganz besondere. Im Jahre 1700 wurde sie von waldensischen Glaubensflüchtlingen unter dem Namen Bourcet gegründet, lange Zeit wurde dort Französisch gesprochen und ein calvinistischer Gottesdienst gefeiert. An diese Anfangszeiten erinnern heute noch Namen wie Soulier, Jourdan oder Talmon l'Armée. Auch die Familie der Turmuhrenfirma Perrot in Calw hat einen Waldenserursprung in Neuhengstett. Seit längerer Zeit gibt es einen den Waldensern und Hugenotten gewidmeten Fernwanderweg, er führt auch durch Neuhengstett in Richtung Hirsau weiter.

Erst kürzlich eröffnet wurde ein spiritueller Waldenserweg rund um Neuhengstett. Elf Stationen erläutern die besondere Geschichte des Ortes und der Glaubensflüchtlinge. Sehenswert ist überdies der alte Friedhof dort, außerdem gibt es ein kleines Waldensermuseum: www.hugenotten-waldenserpfad.eu, www.heimatgeschichtsverein-neuhengstett.de

Im Monbachtal begannen vor 100 Jahren die Jugendfreizeiten. Es ist noch immer ein wildromantisches Ziel.

die Württemberger, was die stets zu schätzen wussten. Zum 300. Jubiläum 1903 kam sogar der König nach Bad Liebenzell.

Der Monarch ist schon lange Vergangenheit, die Liebenzeller Mission hingegen nach wie vor ein Stück lebendige Gegenwart. Zu Tausenden kommen die Menschen nach Bad Liebenzell, wenn dort im Herbst und an Pfingsten Missionsfest gefeiert wird. Schon seit über 100 Jahren dient das Monbachtal als Rückzugsort für Erholungsuchende, selbst die bekannte NS-Widerstandskämpferin Sophie Scholl war hier.

Die Gästehäuser der Mission liegen am Rande einer wildromantischen Schlucht, die jährlich unzählige Menschen anzieht. Ein etwa zehn Kilometer langer Rundwanderweg er-

Einmalig in Deutschland: Im Monbachtal gibt es ein Café mit eigener Kapelle.

schließt sie, doch auch diejenigen, die nur wenige Hundert Meter gehen wollen, kommen auf ihre Kosten.

Gleich hinter dem Freizeitheim und den Gästehäusern der Liebenzeller Mission plätschert der Monbach durch das enge Seitental. Eine wunderbare Sommerfrische mit hohen Fichten, Tannen und Buchen. 1901 wurde das Monbachtal mit einem Wanderweg erschlossen, es ist heute eine Etappe auf dem Ostweg durch den Schwarzwald.

In der Talmitte gibt es einen großen Grillplatz zum Rasten. Ein wenig trittsicher sollte man schon sein, aber die ersten Abschnitte des Weges sind topfeben und auch für die zu machen, die einen größeren Anstieg scheuen. Wanderer werden am Ende der Tour mit Kaffee, Kuchen und Erfrischungsgetränken belohnt.

Das neue Café der Liebenzeller Mission hat sogar eine kleine Hauskapelle, es ist die einzige Café-Kapelle in Deutschland. Ein beschaulicher Ort der Einkehr für Leib und Seele. Die

Kurstadt Bad Liebenzell ist ohnehin mit guten Café-Häusern gesegnet: Erst kürzlich hat im alten Badhaus am südlichen Ortseingang ein neues eröffnet, die Kuchen dort sind schon ein Geheimtipp in der weiteren Umgebung.

Auch das Kloster in Hirsau hat vor rund zwei Jahren ein Café bekommen. An seiner Tür hängt ein großes Bild von Abt Wilhelm, dem Vater aller Glaubenserneuerer im Nagoldtal. Sein Geist inspiriert die Menschen bis heute.

Monument aus der Romanik: der Eulenturm im Kloster Hirsau. Ein Café lädt dort zur Einkehr ein.

Der große Reformer: Unter Abt Wilhelm wurde das Kloster Hirsau mächtig und berühmt.

INFORMATIONEN

ANFAHRT

Das Nagoldtal ist gut mit der Bahn zu erreichen, mit Haltepunkten in Calw, Hirsau und Bad Liebenzell. Der Bahnhof von Bad Teinach (Station Teinach) liegt knapp vier Kilometer außerhalb.
Die Züge verkehren je nach Tageszeit im Stunden- und Halbstundentakt: www.bahn.de

WANDERN

Bad Liebenzell: Durchs Monbachtal führt ein zehn Kilometer langer Rundwanderung. Wer weniger machen will, geht einfach ein Stück durch die Schlucht und wieder zurück. Beginn beim Café und den Gästehäusern der Liebenzeller Mission zwei Kilometer nördlich des Stadtkerns: www.outdooractive.com

Bad Teinach: Der elf Kilometer lange Premiumwanderweg „Der Teinacher“ (Start am Freibad) führt von Bad Teinach nach Zavelstein. Auch die romantische Mathildenstaffel liegt auf dem Weg. Die kann man aber auch separat erwandern, Einstieg beim Mineralbrunnen: www.teinachtal.de

KLOSTER HIRSAU

Die Ruine ist frei zugänglich, die Marienkapelle tagsüber offen. Im Sommer finden im Kreuzgang Konzerte und ein Open-Air-Kino statt. Von Mai bis Oktober gibt es Klosterführungen (Samstag 14.30 Uhr, Sonn- und Feiertag 11 Uhr): www.calw.de, www.klostersommer.de

KABBALISTISCHE LEHRTAFEL

Eine Besonderheit ist in der Bad Teinacher Kirche die Kabbalistische Lehrtafel, die von Prinzessin Antonia in Auftrag gegeben wurde. Dieses dreiteilige Altarbild stammt aus dem Jahre 1663, Führungen gibt es von April bis Oktober jeweils donnerstags um 15 Uhr. Gruppen auf Anfrage: Telefon 07053-8459.

NUDELMANUFAKTUR

Nudeln in allen Varianten und aus eigener Herstellung gibt es in der Nudelmanufaktur in Bad Teinach. Gruppen können auch Betriebsbesichtigungen buchen: www.badteinacher.de

INFORMATIONEN

EINKEHREN

Café im Kloster Hirsau: Kaffee, Kuchen und Getränke in tollem Ambiente, schön auch zum Draußensitzen: www.cafeimkloster.de

Badhaus 1897: Café-Haus in Bad Liebenzell (Ortseingang Süd). Die Qualität der Kuchen ist unschlagbar, auch das Frühstück ist beliebt: www.badhaus1897.de

Wanderheim Zavelstein: Mehr als nur eine Wanderhütte. Dahinter steht die Gastronomie von Berlins Krone Lamm mit exzellenter Qualität: www.berlins-hotel.de

Schlossberghütte: Große neue Ausflugsgastronomie des Hotels Therme am Premiumweg „Der Teinacher", unweit des Friedhofs Bad Teinach: www.schlossberghuette.de

Hausbrauerei Mönchwasen in Simmozheim: Grandioses Bier und für eine Schnellgastronomie auch erstaunlich gute Küche. Schöne Lage mit Ausblick: www.moenchwasen.com

ÜBERNACHTEN

Christliche Gästehäuser Monbachtal: In der schön gelegenen Einrichtung der Liebenzeller Mission sind auch Einzelgäste willkommen: www.monbachtal.de. Für Interessierte gibt es ein umfangreiches geistliches Programm.

Hotel Kloster Hirsau: Großes, gehobenes Vier-Sterne-Haus mit Wellness- und Tagungsmöglichkeiten. Unmittelbar neben der Klosteranlage: www.hotel-kloster-hirsau.de

ALLGEMEINE AUSKUNFT

Tourismus Nördlicher Schwarzwald, Sonnenweg 5, 75378 Bad Liebenzell, Telefon 07052-8169770, www.mein-schwarzwald.de

FREUT EUCH ABER
DASS EURE NAMEN IM HIMMEL GESCHRIEBEN SIND

KIRCHBERG/SULZ

Kloster auf Evangelisch

Gibt es das, ein evangelisches Kloster? Auf dem Kirchberg bei Sulz am Neckar schon. Das Einkehrhaus der Berneuchener Gemeinschaften liegt abgeschieden am Schwarzwaldrand, mit wunderbaren Wegen, vielen Aus- und Einsichten.

Magischer Ort mit Kreuz und Aussicht: der Wandbühl auf dem Kirchberg.

Einsam und allein steht das große Holzkreuz auf der Wiese. Ein knapp ein Kilometer langer Wanderweg führt vom Kloster auf den Hügel hinauf. Wandbühl heißt er und gut 600 Meter liegt er über dem Meeresspiegel, hoch genug, um einen Blick bis hinüber zur Burg Hohenzollern zu erhaschen: Majestätisch bekrönt sie einen Kegelberg am Albtrauf; wie ein Scherenschnitt wirkt aus der Ferne die Steilkante, die den Beginn der Albhochfläche markiert.

Der Wandbühl ist ein wunderbarer Ort zum Rasten und Verweilen. In jenem einsamen Landstrich zwischen Schwarzwald und Schwäbischer Alb. Fragt man die Menschen, wo sie sich

Der Kirchberg ist bis heute ein abgelegenes Idyll.

genau verorten, dann sagen sie: „Irgendwo dazwischen." Irgendwo dazwischen liegt auch das alte Kloster Kirchberg. Weit weg von der nächsten Hauptverkehrsstraße, dem nächsten Neubaugebiet und Gewerbeareal. Eine Insel der Ruhe, in der es tatsächlich auch noch ruhig ist.

Vor gut 60 Jahren haben die Berneuchener Gemeinschaften das Kloster Kirchberg übernommen. Die kannte man bis dahin in Baden-Württemberg kaum. Eine christliche Bewegung, benannt nach einem Rittergut in der heute polnischen Neumark, die in den 1920er-Jahren versuchte, das evangelische Leben zu erneuern. Mehr Spiritualität, mehr Gesang, mehr Meditation. Der Glaube als ganzheitliches Erlebnis, etwas fürs Herz und nicht nur für den Verstand.

Im Namen der Rose: Kreuzgang und Portal des Klosters.

Als die Berneuchener nach dem Zweiten Weltkrieg auf die Suche nach einem neuen geistlichen Zentrum gingen, da entdeckten sie das alte Dominikanerinnenkloster bei Sulz am Neckar. Schon 1806 war es säkularisiert und aufgegeben worden. Später diente es als Ackerbauschule. Die Reste des Kreuzgangs und der Konventgebäude schlummerten seither in einem Dornröschenschlaf. Genau der richtige Ort für einen spirituellen Neuanfang.

Die Berneuchener wollten dabei nicht unter sich bleiben. Aus dem Kloster wurde ein Einkehr- und Begegnungszentrum, das Berneuchener Haus, wie es mit seinem Zweitnamen heißt. Es sollte nicht lange dauern, bis kirchliche Gruppen es für sich entdeckten. Seit 1958 kommen jährlich Hunderte von Chören, Kirchengemeinderäten und Konfirmandengruppen hierher. Auch immer wieder Einzelgäste, die sich von der besonderen Atmosphäre berühren lassen wollen.

Sie verbringen Zeit an einem Ort, der heute fast noch so einsam ist wie vor Jahrhunderten. Wiesen und Weiden umgeben

EXTRATIPP

DAS KLOSTER BERNSTEIN

Wenige Kilometer vom Kloster Kirchberg entfernt liegt das alte Kloster Bernstein. Es ist nicht mehr viel von ihm übrig: lediglich ein Teil der Kirche und des Konventgebäudes. Franziskanermönche bauten es einst auf, arme Brüder, die ganz anders lebten als die reichen Nonnen vom Kirchberg. Tausende von Obstbäumen pflanzten sie an sowie Hopfen für die eigene Brauerei.
Das kleine Kloster Bernstein ist heute ein privates landwirtschaftliches Gut, gelegen in einem einsamen Seitental zwischen Heiligenzimmern und Gruol. Die Deckenfresken der leer geräumten Kirche sind zwischenzeitlich wieder restauriert, auch der Klostergarten ist ein bezauberndes Kleinod. Wer freundlich fragt, darf ihn betreten, ansonsten ist das Haus für Gästegruppen ab 16 Personen geöffnet und buchbar. Ab und an finden im Hofgut Bernstein auch Veranstaltungen statt. Weitere Informationen gibt es unter: www.hofgut-bernstein.de

Landleben live auf den Wegen rund um das Kloster Kirchberg.

das Kloster, muhende Kühe und blökende Schafe, an seinem Fuße liegt ein alter Fischteich, den einst die Nonnen anlegten. Vor ein paar Jahren hat das Kloster ein Faltblatt mit Wandervorschlägen herausgegeben. Keine großen Strecken, sondern kleine Touren, auf denen man die Umgebung erkunden kann. Auch der Spaziergang zum Wandbühl gehört dazu. Die Rundwanderung ist drei Kilometer lang, man darf aber auch einfach nur hinauf zum Kreuz und wieder zurückspazieren.

Es ist ein Doppelkreuz, das oben auf dem Hügel steht, mit einem langen und einem kurzen Querbalken und knospenartigen Ausbuchtungen an allen Enden. Caravaca-Kreuz wird es auch genannt, nach einem spanischen Wallfahrtsort, von dem aus es sich verbreitet hat. Die Dominikanerinnen vom Kirchberg übernahmen es, es ist ein Zeichen der besonderen Gnade und der Einheit von Karfreitag und Ostern.

Die letzte Nonne verließ 1855 das Kloster Kirchberg. Viele ihrer Glaubensschwestern liegen auf dem alten Friedhof hinter dem Kreuzgang beerdigt. Schmiedeeiserne Kreuze ragen dort aus dem Boden, neben verwitterten alten Grabplatten. Ein fast mystischer Ort, an dem die Gäste des Kirchbergs gerne verweilen. Auch hier hat man die Burg Hohenzollern im Blick, dazu eine weite Landschaft, die einlädt, über den eigenen Horizont nachzudenken.

Das Gelände hinter dem Hauptgebäude ist das eigentliche Juwel des Kirchbergs. Hier blieben die Reste des alten Kreuzgangs erhalten. Rosen umranken die gotischen Spitzbogen, jede Fensternische ist ein Rückzugsort. Es ist der Bereich für die Hausgäste oder jene Tagesbesucher, die ein wenig für sich sein wollen. „Schön hier“, sagt eine Frau zu ihrem Partner, und der nickt ihr nur wortlos zu.

„Ort der Stille“ wird der ehemalige Kräutergarten des Klosters auch genannt. Eine kleine Kette versperrt seinen Eingang. Dort sollen sich jene Gäste aufhalten, die tatsächlich schweigen wollen. Die nur dem Wind und dem Summen der Insekten lauschen. Rosen wachsen hier und Lilien, duftender Salbei und Rosmarin.

Wer im Kloster ein paar Tage bleibt, kann wirklich zur Ruhe kommen.

Die kleine Welt des Kirchbergs: die Schenke, der Klosterladen, das Konventgebäude und die Kirche.

Auf der anderen Seite, im Klosterhof, geht es ein wenig lauter zu. Hier darf geplaudert und gelacht werden. Radfahrer machen Rast und Wanderer, Ausflügler und Übernachtungsgäste, die sich unter den alten Kastanienbäumen versammeln. In der Klosterschenke gibt es Kaffee und Kuchen, Bier, Limo und ein kleines kaltes Vesper.

Man betritt das Kloster Kirchberg durch ein großes Portal aus dem Jahre 1749. Es ist so prachtvoll wie das Konventgebäude, das etwa um die gleiche Zeit entstanden ist. Damals, im 18. Jahrhundert, erreichte das Dominikanerinnenkloster seine letzte Blüte. Die große Johanniskirche wurde barockisiert, weite Teile der Anlage in eben jenem Stil neu gestaltet.

Die Nonnen auf dem Kreuzberg waren nicht die Ärmsten. Aus Adelsfamilien und wohlhabenden Bürgerhaushalten kamen sie, nach der Reformation wurde der Kirchberg zu einem Fluchtpunkt für viele Dominikanerinnen aus evangelisch gewordenen Landstrichen. Erst 1806 fiel der Kirchberg an Württemberg. Bis dahin stand er unter der Oberhoheit der streng katholischen Habsburger, die dort seit 1381 regierten. Doch mit der napoleonischen Wende war das vorbei und das geistliche Leben erloschen. Bis zu jenem Pfingsttag im Jahre 1958, als die Berneuchener kamen.

Manche hielten sie anfangs für eine Sekte oder eine tiefkatholische Abspaltung. Mit ihren weißen Gewändern und gregorianischen Gesängen wirken die Liturgen und Liturginnen jedenfalls nicht sonderlich evangelisch, schon gar nicht in Württemberg, das in seiner Gottesdienstordnung eher der spartanischen Schweizer Reform folgte.

Auf dem Kirchberg hingegen wird zweimal pro Woche eine „Deutsche Messe" gefeiert. Luther hatte sie begründet, weil er nur die Sprache und die Inhalte, nicht aber die Form verändern wollte. Man kennt sie hierzulande kaum, es sei denn, man wäre auf dem Kirchberg zu Gast.
Dort finden mehrmals täglich auch Stundengebete statt. „Wir knüpfen an klösterliche Traditionen an", sagt Pfarrer Matthias Gössling, der geistliche Leiter des Kirchbergs. Wenn er die Andacht leitet, trägt er ebenso ein schneeweißes Gottesdienstgewand (Albe) wie die anderen Liturgen.

Reisesegen für alle: Wenn die Gäste aufbrechen, werden sie im großen Kreis verabschiedet.

Fast ein wenig katholisch: Auf dem Kirchberg tragen auch die evangelischen Liturgen weiße Gewänder.

Es ist ein Erlebnis, eines der Tagzeitengebete zu besuchen. Um 7.45, 12, 18 und 21 Uhr wird dazu geläutet. Jeder darf teilnehmen, auch diejenigen, die nur sporadisch für ein paar Stunden auf dem Kirchberg vorbeischauen. Auf der Nonnenempore versammeln sich dann alle; wer noch nie dabei war, staunt über diese Form nicht schlecht.

Fast die gesamte Liturgie wird gesungen. Es sind gregorianische Klänge, wie man sie eigentlich nur aus den Klöstern kennt. Es gibt eine Vorbeterin und ein Evangelisches Tagzeitenbuch, das gemeinsam mit der Abtei Münsterschwarzach entwickelt wurde – jenem Kloster, in dem auch der bekannte Pater Anselm Grün zu Hause ist.

Unter den Besucherinnen und Besuchern sind an diesem Abend Konfirmanden und Einzelgäste, schwarz gewandete Michaelsbrüder und Frauen der Gemeinschaft St. Michael. Die Michaelsgemeinschaften sind ein Teil der Berneuchener Bewegung, der anfangs nur Männer angehörten, heute aber auch viele Frauen. Sie leben nicht zusammen, sondern treffen sich immer wieder auf dem Kirchberg.

Doris Otminghaus ist eine von ihnen. Sie ist Pfarrerin der evangelisch-lutherischen Landeskirche in Bayern und macht Urlaub auf dem Kirchberg. Gleichzeitig gestaltet sie die Tagzeitengebete mit, streift eine weiße Albe über und stimmt die Gesänge an. „Ich muss in meinem Beruf so viel geben“, sagt sie, „aber das hier gibt mir etwas zurück.“

RAINER LUTZ: **MEIN WOCHENENDE AUF DEM KIRCHBERG**

„Ein Ort, der inspiriert"

Rainer Lutz ist Vorsitzender des Kirchengemeinderats in Kuppingen bei Herrenberg. Den Kirchberg hat er bei einem Klausurwochenende kennengelernt.

Mit unserem Kirchengemeinderat machen wir jedes Jahr eine Klausur. Diesmal war das Kloster Kirchberg an der Reihe. Ein idealer Rückzugsort, wenn man für sich sein und sich inspirieren lassen möchte. Wir hatten einen eigenen Tagungsraum und konnten uns in aller Ruhe unseren Themen widmen.

Natürlich haben wir auch an den Tagzeitengebeten und an den Gottesdiensten teilgenommen. Ein echtes Erlebnis und etwas ganz anderes als der Gottesdienst, den wir sonst aus Württemberg kennen.

Beeindruckend war auch der Reisesegen am Sonntag im Kreuzgang des Klosters. Ein großer Halbkreis mit den Liturgen, die alle in Weiß gekleidet waren. Das geistliche Leben der Michaelsbrüder ist hier überall spürbar und auch die Geschichte des Klosters bemerkenswert. Wir haben eine Hausführung mitgemacht und viel Interessantes über die Vergangenheit und Gegenwart des Kirchbergs erfahren.

Bei der Andacht auf dem Kirchberg trägt selbst die Mesnerin ein weißes Gewand. Fast wie eine Dominikanerin wirkt sie dadurch. Einer der Gründe, warum viele beim Kirchberg auch von einem „evangelischen Kloster" sprechen. Das ist es natürlich nicht wirklich: Es gibt weder Mönche noch Nonnen noch einen Orden, der hier in abgeschiedener Klausur lebt. Wohl aber eine christliche Gemeinschaft, die an den Gedanken des Klosterlebens anknüpft. Ansonsten geht fast jeder Berneuchener einem anderen Beruf nach: Viele sind Pfarrerinnen und Pfarrer, doch auch Laien gehören dazu. Mehrmals im Jahr versammeln sie sich, beten füreinander, jeder Bruder und jede Schwester hat eine eigene geistliche Begleitung.

Unter freiem Himmel: Zwischen Blumen und Bäumen lässt es sich herrlich tafeln und genießen.

Ein schöner Landgasthof mit dem verheißungsvollen Namen Grüne Au in Bergfelden liegt nur etwa acht Kilometer vom Kloster entfernt in einem Teilort von Sulz am Neckar. Die gute schwäbische Küche und der schöne Blick auf den Turm der Wehrkirche in Beregenweiler ist auch einen Besuch wert.

Für Gäste hält der Kirchberg längst auch ein großes Veranstaltungsprogramm bereit. „Aufatmen“ lautet sein Titel, darunter sind Angebote versammelt vom Psalmensingen bis zum Motorradwochenende und der Yoga-Meditation für Männer. Auch über die evangelische Messe und das Fasten im Kloster kann man etwas lernen.

Man muss es damit ja nicht übertreiben. Die Klosterschenke tischt am Sonntagmittag gerne Maultaschen auf. Auch die kommen ursprünglich ja aus dem Kloster. Nudelteig um die Hackfleisch-, Brät- und Spinatfüllung gewickelt, und fertig ist das „Herrgottsbscheißerle“, wie die Maultasche auf Schwäbisch scherzhaft auch genannt wird. Ein Genuss für Leib und Seele und ein weiterer Grund, warum der Kirchberg als Einkehrhaus bestens geeignet ist.

Ausflugsziel: die Wehrkirche von Bergfelden und der Gasthof Grüne Au.

INFORMATIONEN

ANREISE

Das Auto ist das Verkehrsmittel der Wahl. Es gibt keine Bahnverbindung zum Kirchberg, als Busverbindung existiert nur ein sporadisch verkehrender Anrufbus, den man vorab buchen muss. Mehr unter: www.klosterkirchberg.de/Anreise/

WANDERN

Im Klosterladen (geöffnet täglich außer Montag) kann man für einen Euro ein Faltblatt erwerben mit Wanderwegen in der Umgebung. Besonders empfehlenswert ist der Spaziergang zum Wandbühl, von wo man einen Blick bis zur Burg Hohenzollern hat. Die knapp acht Kilometer lange Paradiestour ist beschildert. Neu ist ein Waldpilgerweg rund ums Kloster, den einer der Michaelsbrüder konzipiert hat. Infos gibt es auf der Homepage und am Empfang.

GEBETE UND GOTTESDIENSTE

Auch wer nicht Hausgast ist, kann auf der Nonnenempore an den Tagzeitengebeten (täglich um 7.45, 12, 18 und 21 Uhr) sowie an den Gottesdiensten (Deutsche Messe) in der Johanniskirche teilnehmen (Sonntag 9 Uhr, Donnerstag 7.45 Uhr statt dem Morgengebet).

VERANSTALTUNGSPROGRAMM

Das Kloster Kirchberg, auch Berneuchener Haus genannt, hat ein großes eigenes Veranstaltungsprogramm (Titel: „Aufatmen") mit Kursen aus den Bereichen Bibel, Meditation, Gebet, Kunst, Lebensfragen u. v. m.

EINKEHREN

Klosterschenke: Gute Selbstbedienungsgastronomie mit Kaffee, Kuchen, Kaltgetränken und kleinem Vesper. Am Sonntagmittag auch Maultaschen. Man darf das Essen mit nach draußen nehmen. Täglich außer montags geöffnet: Telefon 07454-883130.

Grüne Au in Bergfelden: Schöner Landgasthof, etwa acht Kilometer vom Kloster entfernt, in einem Teilort von Sulz am Neckar. Es gibt schwäbische Gerichte, sogar saure Spätzle, sowie einen schönen Blick auf den Turm der Wehrkirche: Telefon 07454-2811.

ÜBERNACHTEN

Kloster Kirchberg: Im Kloster Kirchberg/Berneuchener Haus können sowohl Gruppen als auch Einzelgäste übernachten, üblich ist Vollpension: www.klosterkirchberg.de

Gasthof Hecht in Sulz: Zimmer in zentraler Lage in Sulz am Neckar. Man kann im Restaurant auch gut essen: www.gasthof-hecht.com

ALLGEMEINE AUSKUNFT

Touristinformation Sulz am Neckar, Obere Hauptstraße 2, 72172 Sulz am Neckar, Telefon 07454-96500, www.sulz.de

Kloster Kirchberg – Berneuchener Haus, Kirchberg, 72172 Sulz am Neckar, Telefon 07454-8830, www.klosterkirchberg.de

GLATT
WASSER die
QUELLE des
LEBENS

PRIORBERG

Aus dem Dornröschenschlaf erwacht

Einst regierten hier die Fürstäbte von Muri. Dann kamen die Hohenzollern und schließlich ein findiger Geist, der ihr Schloss zu neuem Leben erweckte. Auf einer Wanderung zum Priorberg bei Horb kann man die alten Spuren entdecken.

Der Tisch der Natur ist reich gedeckt. Die Bäume hängen voller Kirschen und rotbackiger Äpfel. Auf den Wiesen grünt das Gras und weidet das Vieh. Hühner gackern und Hähne krähen, Misthaufen dampfen und Bauern pflügen ihre Felder. Es herrscht ein himmlischer Frieden hier auf dem Priorberg.

Abgeschieden liegt der Weiler auf einem Hügel zwischen Horb-Dettingen und Sulz-Glatt. Nur am Wochenende gibt es wirklich nennenswert Verkehr, dazwischen ist es noch ein wenig wie damals, als die Mönche von Muri hier das Sagen hatten. Der Name des Klosters hat noch immer einen besonderen Klang, ein Nachhall aus jener Zeit, als hier Schweizer Benediktiner das Land bestellten.

Bäuerliches Ambiente: Auf dem Weg zum Priorberg muht die Kuh und gackert das Huhn.

Auf dem Muri-Weg gingen einst die Mönche. Heute trifft man hier vor allem Tiere und Touristen.

1706 hatte sich die Fürstabtei Muri aus dem Kanton Aargau (Schweiz) einen Landstrich am Neckar gesichert. Das Hauskloster der Habsburger hatte Angst vor dem Calvinismus und expandierte in den Schwarzwald. Zwischen Horb und Sulz fanden die Mönche ihr Paradies mit den Dörfern Dettingen, Dettlingen, Dettensee, Diessen, Glatt, Haidenhof, Neckarhausen und dem Priorberg in der Mitte.

Hundert Jahre lang ging das gut. Dann kamen Napoleon und die Säkularisation. Das war das Ende aller geistlichen Fürstentümer, das kleine Neckarreich des Klosters Muri ging an die Fürsten von Hohenzollern. In der Schweiz konnten sich die Mönche noch bis 1841 halten, dann mussten sie auch dort fliehen. Schließlich emigrierten sie nach Südtirol, wo sie die noch heute existierende Abtei Muri-Gries gründeten. Der Wein von dort ist über die Region hinaus bekannt.

Die Mönche aus Muri brachten viel Gutes nach Dettingen, Glatt und Priorberg. Die Äpfel und die Kirschen, die Landwirtschaft und die bäuerliche Kultur gehen auf sie zurück. „Unter dem Krummstab lässt es sich gut leben“, lautete ein Fazit ihrer Zeit. Karl-Josef Sickler ist dem nachgegangen. Hat mit Wanderstiefeln die Wege der Mönche beschritten und 1984 mit dem Schwäbischen Albverein den Muri-Wanderweg begründet.

Zehn Kilometer ist er lang. Er führt von Dettingen zum Priorberg und von dort nach Glatt. Dettingen und Glatt waren die Verwaltungssitze des Klosters, immer wieder gingen die Mön-

Der Priorberg ist auch ein Ziel für Jakobspilger. Kapellen und Apfelbäume laden zur Einkehr ein.

che deshalb den Weg durchs Neckartal oder eben über den idyllischen Priorberg. Viele Pilger folgen ihnen, heute läuft ein Abschnitt des Jakobswegs über den Priorberg.

Sie rasten in der Josefskapelle, die dort seit 1926 am Wegesrand steht. Ein bezauberndes Kirchlein mit bunten Fenstern, umgeben von Apfelbäumen, die im Spätsommer rotbackige Früchte der Sorte Jakob Fischer tragen. Ein Jakob steht auch vor der Landgaststätte Priorberg, geschnitzt aus Holz und mit dem Symbol der Pilger ausgestattet. Gleich zwei Gasthöfe hat der Weiler mit seinen 50 Einwohnern zu bieten, ein paradiesischer Zustand in Zeiten, in denen viele Orte überhaupt keine Wirtschaft mehr besitzen.

Vor allem die Landgaststätte Priorberg hat es in sich. Zwei Frauen haben sie vor knapp zehn Jahren übernommen und als Quereinsteigerinnen Furore gemacht. Renate

Die Josefskapelle ist umgeben von üppig Früchte tragenden Apfelbäumen.

Der Landgasthof auf dem Priorberg ist ein kulinarisches Gedicht, das Wasserschloss in Glatt eine Augenweide.

Maaß und Traudl Dommberger servieren dort frische Kräuter und Fleisch vom Augusrind, herzhafte Schnitzel und vegetarische Gerichte. Ihr Prio-Wurstsalat ist genauso beliebt wie der Hausmusikabend, den sie einmal im Monat veranstalten.

Von dort geht es gestärkt den Berg hinunter in Richtung Glatt. Auf dem Weg liegt der Oberhof, eine alte fürstliche Domäne der Hohenzollern. Sie ist noch immer ein bewirtschafteter Betrieb und besitzt sogar einen Hofladen. Der Weg ist schön. Eine schmale Straße schlängelt sich ins Tal, man kann sie vor allem unter der Woche bequem gehen, kaum ein Auto verirrt sich in diese einsame Gegend.

Unten im Tal wird es belebter. Von Frühjahr bis Herbst ist Schloss Glatt ein beliebtes Ausflugsziel. Es liegt an einem Flüsschen, das den gleichen Namen trägt. Ein paar Kilometer weiter mündet die Glatt dann in den Neckar. Hier aber umgibt ihr Wasser einen Prachtbau, der seinesgleichen sucht: Schloss Glatt ist eines der wenigen erhaltenen Wasserschlösser in Südwestdeutschland.

Ein Bauwerk im Stil der italienischen Renaissance, mit rot-weißen Fensterläden und vier runden Ecktürmen, die von einer weinroten Haube bekrönt werden. Drum herum findet sich ein belebter Park, eine Minigolfanlage und ein alter Lindenbaum mit über sieben Metern Umfang.

Schloss und Schlosspark in Glatt: Die Bäume sind dort so alt wie die Gemäuer.

EXTRATIPP

DIE KRIPPENSÄULE VON SIEGER KÖDER

Umrahmt von einem Kirchhof liegt das katholische Gotteshaus von Ihlingen am Hang. 900 Jahre ist seine Geschichte alt, immer wieder wurde es umgebaut und renoviert. Die Außenmauern tragen die Jahreszahl 1813. Verblüffend ist jedoch ihr Inneres: Zwischen der barocken Empore und der mittelalterlichen Figur des Namenspatrons Jakobus steht eine moderne, farbige Säule gleich hinter dem Altar.

Sie ist 3,90 Meter hoch, innen hohl, drehbar und aus Pappmaché gefertigt. Ihr Urheber ist kein Geringerer als der berühmte Malerpfarrer Sieger Köder (siehe Glaubenswege für Genießer, Band 1): Auf seine ganz eigene Art und Weise hat er auf der Krippensäule die Weihnachtsgeschichte erzählt, mit Elefanten und Kamelen und knallig bunten biblischen Figuren.

Wer die Jakobuskirche von Horb-Ihlingen etwas genauer unter die Lupe nimmt, wird darin weitere Werke von Sieger Köder entdecken: Bereits 2001 hat der eigenwillige Künstler drei Jakobuspilger an die Wand gemalt, auf dem Altar liegt eine von ihm gestaltete Bibel. Die Jakobuskirche ist täglich von 9 bis 18 Uhr geöffnet, Führungen können bestellt werden unter der Telefonnummer 0 74 51-6 06 37.

Der Innenhof des Schlosses in Glatt.

Kaum zu glauben, dass dieses prächtige Ensemble bis vor gut 50 Jahren brachlag. Der Graben war zugeschüttet, die Fassade grau, drinnen Flüchtlinge untergebracht. Ein Dornröschenschloss, das auf einen Prinzen wartete, der es wachküsste. Er kam 1968 und hieß Siegfried Esslinger.

Bereits 15 Jahre zuvor hatte er sich in das Schloss verliebt. Und in eine der Dorfbewohnerinnen von Glatt. Er heiratete sie, wurde Kinobetreiber und später Reiseleiter. Es war die Zeit des Wirtschaftswunders und des aufblühenden Tourismus – und Esslinger war davon überzeugt, dass auch Glatt ein Stück von diesem Kuchen abbekommen sollte.

Mit dem Kuchen nahm er es dann ganz wörtlich und gründete in einem der Wirtschaftsgebäude des Schlosses 1968 ein Café. Nach langem Hin und Her hatte er dem Fürsten von Hohenzollern-Sigmaringen die Erlaubnis dazu abgeschwatzt, erst auf Pachtbasis und dann ab 1972 als Eigentümer. Die Hohenzollern waren die Rechtsnachfolger der Fürstäbte von Muri,

Möbel aus allen Epochen: Das Schlosscafé bietet mehr als nur Kaffee und Kuchen.

der Fürst von Sigmaringen noch immer im Besitz der gesamten Anlage.

Das Café war von Anfang an ein Erfolg. Esslinger hatte gute Verbindungen in die Reisewelt und den richtigen Riecher für den Standort: mitten im Karree des Schlosshofes, mit viel Platz für den Außenbereich. Im Sommer saßen die Menschen direkt gegenüber dem Wasserschloss.

So richtig zum Vergnügen wurde das, als Siegfried Esslinger den Fürsten auch zum Verkauf der übrigen Schlossanlage überreden konnte: 1972 ging sie an die damals noch selbstständige Gemeinde Glatt über und wurde nach und nach in ihren Urzustand zurückversetzt.

SIEGFRIED ESSLINGER: **MEIN TIPP FÜR EINEN SCHLOSSBESUCH**

„Man hielt mich für einen Fantasten“

Siegfried Esslinger (85) ist der Pionier, der Schloss Glatt 1968 wieder zum Leben erweckt hat. Mit viel Geschick und guten Beziehungen zum Hochadel.

Als ich vor 50 Jahren hier ein Café eröffnete, hielten mich alle für einen Fantasten. Das geht doch schief! Später mussten sie zugeben, dass sie sich getäuscht hatten. Schloss Glatt ist heute ein Schmuckstück der Region und das Café noch immer ein Erfolg. Ich habe durch die Verhandlungen den ganzen Hohenzoller Adel kennengelernt. Erst wollte der Fürst von Sigmaringen ja nicht verkaufen, unter keinen Umständen, hat er gesagt. Aber dann wurden die Dächer undicht und das Geld knapp – und da war plötzlich alles möglich.

Ich war damals stellvertretender Bürgermeister und habe den Kauf mit eingefädelt. Erst wollte er an mich persönlich verkaufen, dann entschieden wir aber, dass die Gemeinde eher geeignet ist als Besitzer. Das war gut so. Heute sind darin sehenswerte Museen untergebracht, viele der Ausstellungsstücke sind aus meinem Privatbesitz. Ich sammle nun mal für mein Leben gern, und so bekommen es wenigstens ein paar Menschen zu Gesicht.

Schwarzwälder Kirsch mit museallem Allerlei: Das Schlosscafé in Glatt ist ein wirklich außergewöhnlicher Ort.

Mit wachen Augen und sichtlichem Vergnügen erzählt der heute 85-Jährige von all diesen Dingen. Sie haben ihm den Zugang zur Adelswelt der Hohenzollern verschafft, die Liste der namhaften Gäste ist lang, die er bei sich im Schlosscafé begrüßen durfte: Prinz Louis Ferdinand von Preußen, Prinz Henrik von Dänemark, sogar die jüngste Tochter des letzten deutschen Kaisers, Viktoria Luise (1892–1980), war hier.

Viele Bilder der prominenten Gäste hängen an den Wänden des Schlosscafés von Glatt. Das Café ist ein halbes Museum, ausgestattet vom leidenschaftlichen Sammler Siegfried Esslinger, der dort seine in 50 Jahren ersteigerten Exponate ausstellt. Auch Bilder der Fürstäbte von Muri sind darunter, Esslinger reiste eigens nach Südtirol, um sich die Erlaubnis und Vorlagen für Repliken zu holen.

Das Schlosscafé von Glatt ist weit über die Grenzen hinaus bekannt für seine schöne Lage und seine köstlichen großen Kuchen. Besonders die Schwarzwälder Kirsch ist der Renner.

In der Saison hat der Betrieb täglich geöffnet, im Winter kann man dort an Wochenenden einkehren. Seit 20 Jahren führen Esslingers Sohn Thomas und Schwiegertochter Roswitha das Café. Sie teilen die Sammelleidenschaft des Vaters und haben das Obergeschoss in eine museale Märchenstube verwandelt.

Doch auch Schloss Glatt selbst lohnt einen Besuch. Seit 2001 ist es ein Kultur- und Museumszentrum mit nicht weniger als vier Dauerausstellungen: das Adelsmuseum mit Rüstkammer, das Schlossmuseum, das Bauernhausmuseum und die Kunstgalerie. Auch die Geschichte der Äbte von Muri wird dort dargestellt und die jenes segensreichen Jahrhunderts, das in den Überlieferungen als eine Zeit des Wohlstands und des Friedens bezeichnet wird.

Die Preußen brachten den Protestantismus nach Glatt. Ihre Hofkirche ist heute die evangelische Kirche.

Die Äbte aus dem Schweizer Muri: Nach der Säkularisation 1802 mussten sie den Schwarzwald verlassen.

Die Reformation kam nie in das Neckarreich des Klosters Muri. Die Gegend zwischen Glatt und Dettingen ist ein urkatholischer Landstrich, was man bis heute am üppigen Fasnetstreiben feststellen kann. Erst als die katholischen Hohenzollern aus Sigmaringen den Besitz 1850 an die Preußen übergaben, kamen evangelische Einflüsse in die Region.

Heute ist die kleine Schlosskapelle von Glatt die evangelische Kirche. Siegfried Esslinger, der Protestant, gehört dann zu den wenigen, die dort beim Weihnachtgottesdienst sitzen. Seine Frau Inge ist katholisch, so wie seine Kinder. Doch das Ökumenische ist für ihn so selbstverständlich wie das Ökonomische.

Auch die Äbte des Klosters Muri waren gute Wirtschafter. Das Schloss Glatt hatten sie zu ihrem Hauptquartier ausgebaut, in Dettingen, am anderen Ende des Muri-Wegs, sogar ein zweites Kastell errichtet. Nur in einem hatten sie sich verrechnet: Die katholische Insel am Neckar, fernab des rigiden Calvinismus der Schweiz, sie sollte nicht zu dem Fluchtpunkt werden, den sie sich erhofft hatten. Es kam, wie so oft im Leben, anders. Noch bevor ihr Schweizer Reich 1841 unterging, verschwand 1802 das Refugium am Neckar.

Umso erstaunlicher, wie lebendig die Erinnerung an das Kloster Muri geblieben ist. Ihr Schloss ist heute wieder so prächtig wie einst, und der Weg der Mönche noch genauso idyllisch wie in alten Zeiten.

INFORMATIONEN

ANREISE

Mit dem Auto sind sowohl Schloss Glatt als auch der Priorberg gut zu erreichen. Es gibt kostenlose Parkplätze. Die Bahn fährt bis Sulz am Neckar, dann kommt man mit dem Bus bis Glatt, zum Priorberg selbst gibt es keine Busverbindung. Wer das Wochenende meiden kann, sollte dies vor allem im Sommer tun: www.bahn.de

MURI-WEG

Beschilderter Rundwanderweg über den Priorberg von zehn Kilometern Länge, den man in Glatt oder Dettingen beginnen kann. Anfangs geschottert, später asphaltiert. Die kürzere Variante ohne Dettingen ist etwa sechs Kilometer lang. Wer nicht durch den Wald gehen will, kann (unter der Woche) auch die wenig befahrene Straße nehmen: https://dettingenhohenzollern.albverein.eu

SCHLOSS GLATT

Das Kultur- und Museumszentrum (KMZ) hat von Dienstag bis Sonntag geöffnet (9–17 Uhr) und beherbergt vier Museen: das Adelsmuseum, das Schlossmuseum, das Bauernmuseum und die Kunstgalerie. Der Eintritt gilt für alle vier Museen: Telefon 07482-807714, www.schloss-glatt.de

KAPELLEN

Es gibt viele sehenswerte Kapellen in der Region: Neben den oben beschriebenen ist die Ulrichskapelle von Neckarhausen empfehlenswert (nur von außen zu besichtigen) sowie die ganz neue Kapelle in Brachfeld-Hopferau. Sie ist ganztägig offen und hat Vespertische sowie einen Brunnen vor der Tür.

EINKEHREN

Landgaststätte Priorberg in Horb-Dettingen: Exzellentes Essen, nur abends geöffnet, Montag Ruhetag: www.landgaststaette-priorberg.de

Hofwaldstüble Priorberg in Horb-Dettingen: Gute Vesperstube, tagsüber geöffnet: Telefon 07482-310.

Café im Schloss Glatt: Tolles rustikales Ambiente, gute Kuchen, in der Saison täglich geöffnet, im Winter Freitag bis Sonntag: www.schlosscafeglatt.de

ÜBERNACHTEN

Hotel Restaurant Züfle: Hotel zum Wohlfühlen mit Familienzimmer: https://hotelzuefle.de

ALLGEMEINE AUSKUNFT

KMZ Schloss Glatt, Telefon 07482-807714 oder 07482-235, www.schloss-glatt.de, www.sulz.de

Stadtinformation Horb am Neckar, Telefon 07451-901200, www.horb.de

Nationalpark
Schwarzwald

Baden-Württemberg
Grenzenlos

NATIONALPARK SCHWARZWALD

Der Schöpfung auf der Spur

Im Nationalpark Schwarzwald kann man erleben, wie sich die Natur eine Landschaft Stück für Stück zurückholt. Ein spannender Prozess, der auch die Frage nach der Schöpfung und dem Paradies neu stellt.

Der andere Zugang zur Natur: Auf geistlichen Spaziergängen kann man den Nationalpark erkunden.

Ein herrlich sonniger Morgen an der Schwarzwaldhochstraße. In einem Rondell hinter dem Nationalparkzentrum am Ruhestein haben rund 100 Menschen Platz genommen. Ein Gottesdienst im Grünen zwischen dunklen Tannen und Fichten, lila Weideröschen und einem strahlend blauen Himmel auf fast 1000 Metern Höhe.

„Zurück zum Paradies?“ steht auf dem Gottesdienstfaltblatt. Es ist ein Satz mit einem Fragezeichen, eines der vielen Fragezeichen, die es auf dem Weg zum Nationalpark gegeben hat. Am 1. Januar 2014 wurde er offiziell eröffnet, der erste Nationalpark in Baden-Württemberg, ein Großschutzgebiet von 100 Quadratkilometern Fläche.

Der evangelische Pfarrer Wolfgang Sönning aus Baiersbronn-Mitteltal gehört zu denen, die diesen Nationalpark von Anfang an unterstützt haben. Das war nicht immer einfach, besonders auf württembergischer Seite waren die Widerstände groß.

Zurück zum Paradies? „Ein Zurück gibt es nicht“, sagt Sönning zu Beginn des Gottesdienstes. Der Schwarzwald ist keine vom Menschen unberührte Wildnis, sondern in vielerlei Hinsicht sein Produkt. Zwischen den ausgedehnten Waldflächen leben seine Bewohner und auch an diesem Morgen ist das Brummen der Motorräder auf der Schwarzwaldhochstraße unüberhörbar. „Die Natur ist bedroht“, sagt Pfarrer Sönning, „und manchmal auch bedrohlich.“ Im Dezember 1999 hat ein Sturm namens Lothar viele Quadratkilometer Wald plattgemacht.

Gottesdienst im Grünen auf dem Ruhestein.

Die Schöpfung als Hausgemeinschaft, „und wir Menschen sind die Hausmeister“, das ist Sönnings Botschaft an die Gottesdienstbesucher, die auf den Ruhestein gekommen sind. Sie lauschen andächtig, singen „Eine Handvoll Erde“, sind katholisch, evangelisch, württembergisch und badisch.

Wolfgang Sönning und Wolfgang Schlund haben die Natur für sich schon lange vor dem Nationalpark entdeckt. Schlund, seit 1997 Leiter des Naturschutzzentrums auf dem Ruhestein, und Sönning, seit 2006 Pfarrer in Baiersbronn-Mitteltal, gehen schon seit vielen Jahren im Schwarzwald miteinander geistlich spazieren. Überdies gibt es eine lange Tradition ökumenischer Gottesdienste am Schliffkopf.

„Wolfgang?“ „Wolfgang!“ Der gleiche Vorname scheint Programm, man kennt sich und man duzt sich und wandert auch an diesem sonnigen Sonntag nach dem Gottesdienst zusammen los. Wolfgang Sönning hat den Psalm 104 mitgebracht: „Herr, wie sind deine Werke so groß und viel! Du hast sie alle weise geordnet, und die Erde ist voll deiner Güter.“ Es geht immer wieder um die „richtige Ordnung“ an diesem Sonntagmorgen.

HEIKE HAUBER: **MEIN TIPP FÜR DIE EINKEHR**

Ein Sinnbild für das Leben

Heike Hauber ist Gastronomie- und Tourismuspfarrerin im Dekanat Freudenstadt und seit Kurzem auch Sprecherin von „Kirche im Nationalpark".

Der Nationalpark ist eine große Chance auf kleiner Fläche. Hier können wir das Werden und das Vergehen beobachten, den Kreislauf der Natur. Eine ganz unmittelbare Erfahrung der Schöpfung, die wir vor Augen geführt bekommen. Ich staune immer wieder, welche Wege die Natur geht, wie aus einer vom Blitz getroffenen Fichte neues Leben herauswächst. Ein Sinnbild für das Leben. Bebauen und bewahren lautet unser biblischer Auftrag: Aber wir haben ja schon viel bebaut, sodass es nun wichtig ist, zu bewahren.

Es ist Zeit, dass wir die Natur in Ruhe lassen, zumindest auf diesem kleinen Gebiet. Der Nationalpark ist ein Einkehrort für Leib und Seele. Das liegt auch daran, dass wir hier so eine gastronomische Vielfalt haben. Die Hütten und Restaurants passen zur Landschaft, es gibt Angebote in allen Kategorien. Hier kann man es sich gut gehen und die Seele baumeln lassen. Diese Landschaft ist eine Oase der Natur, in der wir Gott als Schöpfer ganz nah sein können.

„Auch die menschliche Ordnung ist wichtig", sagt der Biologe Schlund, und dass es nicht darum geht, sich als Mensch nun ganz rauszunehmen. Aber vielleicht an einigen ausgewählten Stellen ein bisschen: „Es ist sehr spannend, was passiert, wenn die Natur sich verändert." Schlund mag das Wort verändern, selbst wenn ein Orkan wütet, ist das für ihn Veränderung: „In der Natur gibt es keine Zerstörung."

Mit jedem Meter wird der Verkehrslärm etwas weniger. Dichter Wald umgibt die Spaziergänger, auf dem Boden wachsen Heidelbeersträucher, ihre reifen blauen Früchte sind ein Leckerbissen für das Auerhuhn. Die weiten Landschaften des Nordschwarzwalds bilden eines seiner wichtigsten Verbreitungsgebiete. „Die Tiere sind da, auch wenn man sie nicht sieht", sagt Wolfgang Schlund.

Natur, so weit das Auge reicht: Der Nordschwarzwald ist ein dünn besiedelter Landstrich mit viel Platz für Flora und Fauna.

Schlund ist katholisch aufgewachsen und wohnt im badischen Seebach. „Dort unten ist mein Haus“, erklärt er den Wanderern. Von den Höhenzügen am Ruhestein sieht man auf der einen Seite den Rheingraben und auf der anderen die Silhouette der Schwäbischen Alb.

EXTRATIPP

DER KNIEBIS

Auf einem Hochplateau an der Schwarzwaldhochstraße, ganz in der Nähe von Freudenstadt, liegt der Kniebis. Dort gibt es auch eine Streusiedlung dieses Namens an der Grenze von Baden und Württemberg mit vielen schönen Wander- und Langlaufmöglichkeiten. Besonders reizvoll ist der rund zehn Kilometer lange Heimatpfad, ein zertifizierter und gut beschilderter Premiumwanderweg, der sich ideal als Halbtagestour eignet. Es gibt dort kaum Steigungen, aber großartige Aussichten. Spektakulär ist vor allem die Aus-

sichtplattform Ellbachseeblick, die 33 Meter weit in die Landschaft hineinragt. Am Heimatpfad locken zwei gute Einkehrmöglichkeiten: die Kniebishütte direkt an der Schwarzwaldhochstraße, in deren Gebäude auch ein Besucherzentrum für die Region untergebracht ist; außerdem das Hotel Waldblick, wo man nicht nur gut essen und trinken kann, sondern auch schön wellnessen und übernachten: www.kniebis.de, www.kniebishuette.de, www.waldblick-kniebis.de

Dazwischen liegt Wald, Wald und immer nur Wald. Als vor einigen Jahren die Suche nach großen zusammenhängenden Naturflächen in Baden-Württemberg begann, wurden die Experten im Nordschwarzwald fündig. Nirgendwo gibt es so viel Natur am Stück wie dort. Rund 10 000 Hektar Staats- und Kommunalwald blieben schließlich übrig, verteilt auf zwei Gebiete am Ruhestein und am Hohen Ochsenkopf: Dort spielt nun nicht mehr die Forstwirtschaft, sondern der Naturschutz die Hauptrolle. Den Kern des Großschutzgebiets bilden zwei Bannwälder, die jahrzehntelang nicht mehr genutzt wurden, doch auch der Rest soll peu à peu renaturiert werden.

Ranger führen die Menschen durch den Wald und erklären seine ökologischen Zusammenhänge.

„Eine Spur wilder“ lautet das Motto des Nationalparks. Manchen ist das ein wenig zu wild und zu chaotisch, sie wünschen sich die ordnende Hand des Menschen zurück. „Die Natur ist viel systematischer, als man denkt“, sagt Wolfgang Schlund, und eine Frau ergänzt, „dass die Schöpfung ja ihre ganz eigene Ordnung hat“.

Rund um den Wilden See gibt es den ältesten Bannwald in Deutschland.

Im Nationalpark stört diese Ordnung niemand mehr. Hier dürfen Tiere und Pflanzen eines natürlichen Todes sterben. Am Wilden See zum Beispiel. Dort wird schon seit 100 Jahren keine Forstwirtschaft mehr betrieben. Es ist der älteste Bannwald Deutschlands, ein unbestelltes Stück Natur, das zeigt, wie es im Nationalpark eines Tages vermutlich überall aussehen wird.

Die Natur darf sich am Wilden See schon seit Generationen entfalten. Keine Axt schlägt mehr zu, keine Motorsäge stört die Ruhe. Knorrige alte Bäume werden morsch, zerfallen langsam zu Totholz und bieten Tausenden von Kleintieren und Pflanzen neuen Lebensraum, bis sie schließlich selbst zu Erde werden und aus ihnen ein neuer Baum, eine neue Schwarzwaldtanne sprießt. Der Kreislauf des Lebens, der von keiner forstwirtschaftlichen Nutzung unterbrochen wird.

Das alles hat auch eine geistliche Dimension. Der Schöpfungsspaziergang von Wolfgang Schlund und Wolfgang Sönning ist nur eines von vielen Angeboten, die im Laufe der Jahre entwickelt wurden. „Kirche im Nationalpark" umfasst zwischenzeitlich zwei katholische Diözesen und zwei evangelische Landeskirchen: die Badener und die Württemberger, ökumenisch vereint, mit einem großen Netzwerk und Programm, das jährlich wächst.

Man kann pilgern gehen oder am Abend meditativ unterwegs sein, eine Kräuterwanderung mit spirituellen Impulsen

machen oder Advent im Naturwald feiern. Außerdem gibt es Gottesdienste, in der Saison fast an jedem Wochenende einen. Manche finden im Grünen statt, andere in den malerischen Kapellen, die sich zwischen den dunklen Bäumen verstecken.

Zu den schönsten dieser kleinen Kirchen gehört die Allerheiligenkapelle, wenige Kilometer östlich der Schwarzwaldhochstraße. Gleich neben der Ruine des alten Prämonstratenserklosters liegt sie. Ein Buntsandsteinbau am Wiesenhang, in einer der schönsten Ecken des Nordschwarzwalds. Gleich hinter dem alten Kloster schließen sich die Allerheiligenwasserfälle an, der Weg zwischen den tosenden Wassermassen hindurch ist gut ausgebaut und dennoch ziemlich abenteuerlich.

In der Allerheiligenkapelle finden immer wieder Nationalpark-Gottesdienste statt.

Kirche am Mummelsee: Von dort führt ein Wanderweg auf die Hornisgrinde. Der Ausblick ist himmlisch.

Auch am Mummelsee gibt es eine Kapelle. St. Michael ist ein Neubau aus den 1970er-Jahren, mit stimmungsvollen Buntglasfenstern, die sein Inneres in ein ganz besonderes Licht tauchen. Der Mummelsee ist schon seit Langem ein touristischer Hotspot direkt an der Schwarzwaldhochstraße. Er liegt am Fuß der Hornisgrinde, der höchsten Erhebung des Nordschwarzwalds. Wer den Genießerpfad „Mummelsee-Hornisgrinde" geht, wird nicht nur mit einem Traumblick auf den See belohnt, sondern auch mit einem Einkehrangebot auf 1155 Metern: Erst Anfang 2019 hat dort die Grinde-Hütte eröffnet. Die Aussichtsterrasse ist eine Wucht, das kulinarische Angebot ebenfalls: Hirschgulasch in Thymiansoße gibt es hier, vegane Nudeln, würzigen Bergkäse und eine exzellente Schwarzwälder Kirschtorte.

Das ist der Gipfel: Die neue Hütte auf der Spitze der Hornisgrinde ist ein gefragtes Besucherziel, ebenso wie das Schliffkopf-Hotel an der Schwarzwaldhochstraße.

Die Gegend im und um den Nationalpark ist auch mit guter Gastronomie gesegnet. Wo sonst ein Gasthaus nach dem anderen zumacht, investieren hier viele Wirte. Das bekannte Sterne-Restaurant Bareiss betreibt ebenso eine eigene Wanderhütte wie die Traube Tonbach oder das Schliffkopf-Hotel.

Das Schliffkopf-Hotel liegt mitten im Nationalpark, nennt sich sogar ganz offiziell „Nationalpark-Hotel". Gleich hinter dem Hotelparkplatz beginnt ein Rundweg über die Grinden, wie die baumfreien Heideflächen auf der Höhe heißen. Seit vor rund 20 Jahren der Sturm Lothar hier gewütet hat, sind viele Flächen kahl und aussichtsreich. Ein eigener Lotharpfad zeigt unweit des Schliffkopfs, wie sich die Natur erholt und aus dem Totholz frische Bäume sprießen.

Auf dem Schliffkopf lebt die Natur. Eidechsen sitzen am Wegesrand, Vögel zwitschern in den Bäumen und irgendwo im Verborgenen lebt eben jener sagenumwobene Auerhahn, der einst zu den begehrtesten Trophäen des Hochadels gehörte und heute eines der Symbole des Schwarzwaldes ist. Das Auerwild braucht ausgedehnte Naturflächen ohne Störung.

„Nur Gott ist über uns“: Das Kreuz auf dem Schliffkopf ist das Symbol von „Kirche im Nationalpark“.

Auch im Nationalpark ist das eine Herausforderung, denn viele, mitunter sehr viele Menschen sind unterwegs, um die Natur zu erleben.

Nach rund einem Kilometer ist man am Gipfelkreuz des Schliffkopfs angekommen. Der CVJM hat es aufgestellt, nun ist es fast zu einer Art Symbol von „Kirche im Nationalpark“ geworden. Es ziert das Titelbild zahlreicher Prospekte. „Nur Gott ist über uns“ steht darauf zu lesen. Ein schöner Fleck, um zur Ruhe zu kommen und etwas andächtig zu werden. Den Blick gen Himmel zu richten und die Eindrücke mit allen Sinnen aufzunehmen. Kraft zu schöpfen inmitten der Schöpfung: Es gibt wenige Orte, die dafür besser geeignet sind als der Nationalpark im Schwarzwald.

INFORMATIONEN

ANREISE

Auto: Große Parkplätze am Mummelsee, Schliffkopf und Ruhestein. ÖPNV: Mit dem Zug bis Baiersbronn, Freudenstadt, Baden-Baden oder Oppenau, danach mit dem Bus zum Ruhestein, Mummelsee oder Schliffkopf. Eine Übersicht gibt es auf der Internetseite des Nationalparks: www.nationalpark-schwarzwald.de

WANDERN

Eine schöne zweistündige Rundwanderung führt vom Ruhestein zum Bannwald Wilder See mit grandioser, fast urwaldartiger Natur (Trittsicherheit erforderlich, Einkehr: Darmstädter Hütte). Beeindruckend ist die Entwicklung der Natur auf dem Lotharpfad, schön der kurze Spaziergang vom Schliffkopf-Hotel zum Kreuz (30 Minuten). Lohnenswert ist auch der Genießerpfad vom Mummelsee zur Hornisgrinde (30 Minuten).

KIRCHE IM NATIONALPARK

Eine Vielzahl von spirituellen Angeboten erwartet die Nationalparkbesucher und -besucherinnen, manchmal in Form geführter Touren oder als Anregungen für eigene Erkundungen, wie beispielsweise der Flyer für einen Seerundgang im Schweigen am Mummelsee. Viele Gottesdienste finden statt, etwa in der Allerheiligenkapelle oder in der Kapelle am Mummelsee. Die geführte Wanderung mit Pfarrer und Nationalparkdirektor findet am ökumenischen Tag der Schöpfung im September statt: www.kirche-nationalpark-schwarzwald.de

EINKEHREN

Sattelei: Wanderhütte von exzellenter Qualität bei Baiersbronn-Mitteltal. Betreiber ist die Sternegastronomie des Hotels Bareiss, die Preise sind trotzdem im Rahmen. Auch die rustikale Dorfstube von Bareiss ist empfehlenswert: www.bareiss.com

Grinde-Hütte: Neu eröffnete Berggastronomie auf der Spitze der Hornisgrinde. Tolle Aussicht, die Qualität der Speisen ist gut, die Preise nicht überteuert. Betreiber ist das Hotel Forsthaus Auerhahn in Baiersbronn: www.grindehuette.de

ÜBERNACHTEN

Tanne Tonbach: Wellness-Hotel mit hervorragender Küche. Der Inhaber ist ein glühender Nationalparkbefürworter, was sich auch in der Einrichtung niederschlägt: www.hotel-tanne.de

Schliffkopf-Hotel: Das Hotel liegt direkt an der Schwarzwaldhochstraße und mitten im Nationalpark. Schöne Wandergegend: www.schliffkopf.de

ALLGEMEINE AUSKUNFT

Nationalpark Schwarzwald, Schwarzwaldhochstraße 2, 77889 Seebach, Telefon 07449-929980, www.nationalpark-schwarzwald.de
Ein neues, großes Besucherzentrum ist derzeit im Bau.

KINZIG=
URSPRUNG
680M.ü.d.M.

GROSSVATERTANNE
WALDLEHRPFAD
VOGTEITURM
SANDWIESE

Kinzigtäler Jakobusweg
Loßburg nach Kehl

HIMMELS=
LEITER

ALPIRSBACH

Honig, Bier und Kinzigwasser

Malerisch liegt das Kloster Alpirsbach im Nordschwarzwald. Am schönsten nähert man sich ihm auf einer Wanderung durchs Kinzigtal. Die alten Mühlen und Bauernhöfe auf dem Weg laden zur Einkehr ein.

In einem dunklen Tannenwald am Ortsrand von Loßburg sprudelt die Quelle. Glasklar ist das Wasser, herrlich erfrischend, umfasst von einer alten Buntsandsteinmauer, die das Wappen des Königreiches Württemberg aus dem Jahre 1904 trägt. Es ist der Ursprung der Kinzig, dem mit knapp 100 Kilometern längsten aller Schwarzwälder Nebenflüsse des Rheins.

Die Kinzigquelle in Loßburg ist ein wunderbarer Anfang für eine Wanderung zum Kloster Alpirsbach. Vor 40 Jahren wurde dort ein See angelegt und erst kürzlich ein Landschaftspark namens „Zauberland", der Familien einlädt, die Natur zu entdecken. Wenige Hundert Meter hinter der Quelle führt eine 60 Stufen steile Treppe einen Waldhang hinauf, sie hat den hehren Titel „Himmelsleiter" bekommen.

Die kleinen Lämmer zaubern Jung und Alt ein Lächeln auf die Lippen.

Der Luftkurort Loßburg ist ein Ausgangspunkt für vieles. Hier auf rund 700 Metern Höhe entspringt die Kinzig, beginnt der Flößerpfad, der sie begleitet, ebenso der Kinzigtäler Jakobsweg, der über die gleiche Route bis nach Kehl am Rhein weitergeht. Von Loßburg an den Rhein zieht auch immer wieder Wanderschäfer Otto Fehrenbacher, einer der Letzten seiner Zunft, der diese alte Tradition der Schafhaltung pflegt. Jeden Winter, wenn die Schwarzwaldhöhen zuschneien, treibt er seine Tiere ins Tal.

Im Sommer stehen sie auf der Hochweide in Loßburg. Sehr zur Freude der großen und kleinen Schwarzwaldurlauber, die es lieben, die Lämmer zu streicheln. Immer wieder führt

Immer der Kinzig nach: Matthias Kober führt seine Gäste auf alten Flößerpfaden.

„Schwarzwald-Guide“ Matthias Kober Besuchergruppen zur Schafweide, erklärt ihnen die Landschaft und seine Heimat. Schwarzwald-Guides heißen die Landschaftsführer im Naturpark Schwarzwald Mitte/Nord, zu dem Loßburg, Alpirsbach und das Kinzigtal gehören. Einer von Kobers Vorfahren war Flößer auf der Kinzig. Auf dem Weg entlang des Flusses erzählt sein Nachfahre den Gästen von der Zeit, als es hier noch keine ausgebauten Straßen und keine Eisenbahn gab.

Doch auch wer den Flößerpfad alleine geht, bekommt eine Menge mit. Ein dichtes Netz von Informationstafeln am Wegesrand erläutert, wie die Holzfäller einst ihre wuchtigen Stämme aufs Wasser brachten. Vor allem bei großen Tannen

Der Flößerpfad ist bestens ausgeschildert.

war das nicht ungefährlich. Nur wenige Kilometer nach dem Kinzigursprung beförderte der kleine Fluss die ersten Bäume in Richtung Rhein.

Der Flößerpfad zwischen Loßburg und Wolfach ist ein gut ausgebauter Talweg, die erste Etappe bis Alpirsbach für viele auch die schönste. Sie begleitet die Kinzig in ihren Anfängen, durch eine stille und steile Schwarzwälder Schlucht, wo der Fluss gemächlich den Hang hinab plätschert. Hohe Tannen säumen den Weg, grasgrüne Ufer und moosbewachsene Steine, die im Bachbett liegen. Ein Zitronenfalter setzt sich auf sie, schließt seine Flügel und verharrt im Sonnenlicht.

In der Ferne ist das gleichmäßige Hämmern eines Buntspechts zu hören. Die Verkehrsstraße ist hier weit weg, auch die Eisenbahnlinie, die den Fluss am Anfang begleitet, ist verschwunden. Die ersten Kilometer des Flößerpfads gehören ganz der Natur und denen, die sie genießen wollen. Es ist ein wunderbarer Abschnitt auch für diejenigen, die hier ihre Tour auf dem Jakobsweg beginnen. Immer wieder sieht man die Muschel am Wegesrand, das Symbol der Jakobspilger, die sich aus ganz Europa in Richtung Spanien aufmachen.

Hier im Schwarzwald haben sie noch ihre Ruhe, finden den himmlischen Frieden, nach dem viele für ihre Seele suchen. Das Pilgern ist heute längst keine rein katholische Angelegenheit mehr. Menschen aller Konfessionen machen sich auf den Weg und immer wieder auch solche, die überhaupt keiner Kirche mehr angehören.

Der Flößerpfad führt von Loßburg nach Wolfach.

Entlang von Feldern und Wäldern durch den nördlichen Schwarzwald.

Nach knapp vier Kilometern öffnet sich der Wald. Eine Wiese wird sichtbar und bald auch einer der ersten Höfe im Tal. Ehlenbogen heißt die langgestreckte Siedlung. Sie begleitet nun die Wanderer auf dem Weg nach Alpirsbach und trägt ihren Namen zu Recht: Einem Ellenbogen gleich fließt die Kinzig hier weitschweifig durch die Landschaft.

Das Dorf hat seine mittelalterliche Siedlungsstruktur behalten, besteht im Grunde nur aus einer Ansammlung von Einzelgehöften inmitten der Wiesen und Flussauen. Zahlreiche Mühlen klapperten hier früher. An der Lohmühle weist ein Schild auf eine große Forellenzucht hin, die in weitem Umkreis die Gastronomie versorgt.

Fisch durften auch die Benediktinermönche des Klosters Alpirsbach essen. Ab dem Buchbach gehörte ihnen Ehlenbogen. Das Dorf war bis 1952 in die Bereiche Unter- und Oberehlenbogen geteilt. Kommunalrechtlich gehört heute beides zu Alpirsbach, nur die evangelischen Kirchengemeinden haben

Alte Mühlräder und eine Forellenzucht liegen auf dem Weg.

ihren alten Zuschnitt behalten: Unterehlenbogen ist nach wie vor Alpirsbach zugeordnet, Oberehlenbogen Schömberg.

Im Vogtsmichelhof saß einst der Vogt des Klosters Alpirsbach. Jetzt ist es eine beliebte Vesperstube unter dem Dach eines großen Bauernhofes, der sich auf Angusrinder spezialisiert hat. Die stehen allerdings nicht auf der Speisekarte, stattdessen aber Flammkuchen, Fleischkäse mit Ei oder Wurstsalat.

Der Vogtsmichelhof ist eine der beliebtesten Einkehrstationen auf dem Flößerpfad (oder Kinzigtäler Jakobusweg, je nachdem, mit welcher Gesinnung oder Zielrichtung man unterwegs ist). Das liegt auch an seinen wunderbaren Liegewiesen und den herrlichen Möglichkeiten, draußen im Freien sitzen zu können. Nur wenige Hundert Meter weiter bietet die Untere Mühle eine weitere Einkehrmöglichkeit. Wer zwischen Loßburg und Alpirsbach an der Kinzig entlangspaziert, muss wahrlich nicht verhungern.

Der Vogtsmichelhof ist eine beliebte Einkehrstation. Man kann hier auch übernachten.

Nach rund zehn Kilometern und etwa drei Stunden Gehzeit ist Alpirsbach erreicht. Der Weg von Loßburg zum Kloster ist eine Halbtagestour, und so ist noch genügend Zeit übrig, den Ort zu entdecken. Vor allem die Klosterkirche ist imposant. 55 Meter misst das Langhaus, rund 20 Meter ist es hoch. Ein hochmittelalterliches Gotteshaus, das 2008 um ein bemerkenswertes Stück Inventar ergänzt wurde: Die mobile Win-

Das Kloster Alpirsbach: Seine große Kirche blieb komplett erhalten.

terhalter-Orgel, eine skulpturenartige Klangsäule, kann auf einem Luftkissen durch den Raum bewegt werden.

Wer eine Klosterführung mitmacht, kann auch viel über die Reformationsgeschichte des Klosters lernen: Im 16. Jahrhundert wurde die Abtei aufgelöst und in eine evangelische Klosterschule umgewandelt. Die 1958 zufällig wiederentdeckten Wandzeichnungen der Klosterschüler geben einen seltenen Einblick in das Leben dieser Zeit wieder.

Einer der letzten Prioren des Klosters Alpirsbach, Ambrosius Blarer, sollte später zu einem der führenden Köpfe der Reformation in Württemberg werden. Der Platz gleich neben dem Kloster trägt seinen Namen, das dortige Café am Kloster backt eine Torte, die der Abtei gewidmet ist.

Auch das Ambrosius-Bier der Alpirsbacher Brauerei erinnert an den bedeutenden Mönch und Reformator. Die Geschichte der Klosterbrauerei ist eine ganz spezielle, insbesondere, weil die Mönche dort ursprünglich Wein getrunken haben. Ihren Namen hat die Brauerei der Tatsache zu verdanken, dass sie 1877 in den ehemaligen Klostergebäuden gegründet wurde, von der evangelischen Familie Glauner, in deren Besitz Alpirsbacher Klosterbräu noch heute ist.

MATTHIAS KOBER: **MEIN WEG ZUR BIBEL**

Schwarzwald-Guide und Bienenzüchter

Matthias Kober (55) war einige Jahre in Israel und führt nun als Schwarzwald-Guide in- und ausländische Besucher durch seine Heimat.

Seit ungefähr zehn Jahren bin ich Schwarzwald-Guide und zeige Besuchern meine Heimatregion. Die Ausbildung habe ich beim Naturpark Schwarzwald Mitte/Nord gemacht. Es geht darum, Menschen ein besonderes Landschaftserlebnis zu vermitteln. Ich bin in Freudenstadt geboren und wollte gerne hinaus in die Welt. Sechs Jahre lang habe ich auch in Israel gelebt und gearbeitet, jetzt lese und verstehe ich die Bibel in ihrer ursprünglichen Sprache. Ich spreche Deutsch, Schwäbisch, Hebräisch und Englisch und zeige auch israelischen Touristen den Schwarzwald.

Früher habe ich die Welt hier zum Teil als eng empfunden, heute weiß ich, dass in dieser Enge auch Geborgenheit erfahren werden kann, Heimat und Verwurzelung. Der Glaube ist hier für manche noch ein kostbarer Teil ihres Lebens. Vor ein paar Jahren habe ich mit der Imkerei begonnen, um mit Bienen die Welt zu erleben, das ist interessant und gefällt mir sehr. Wir leben mit den Bienen zusammen von der Güte Gottes.
www.naturparkschwarzwald.de/details/details_guides

Vor allem die Brauereiführungen erfreuen sich großer Beliebtheit. Im dazugehörigen Laden kann man einkaufen gehen und bekommt dort auch gleich den Honig des Pfarrers. Der ist nämlich zusätzlich noch Imker und auch sonst vielfältig aktiv:

Ankunft in Alpirsbach: Hier gibt es Eis, Kaffee und Kuchen oder ein Bier und eine Brotzeit im Brauereigasthof.

Zusammen mit dem Brauereibesitzer Carl Glauner mischt Alpirsbachs Pfarrer Horst Schmelzle als Stadtrat tatkräftig in der Kommunalpolitik mit.

Wer in Alpirsbach ankommt, hat die Qual der Wahl: Das Café im Kloster lohnt ebenso die Einkehr wie der traditionsreiche Brauereigasthof Löwen-Post. Dem angegliedert ist eine italienische Eisdiele, die im Sommer für Erfrischung sorgt.

EXTRATIPP

DIE GROSSVATERTANNE

Mit 5,50 Metern Umfang, 46 Metern Höhe und 36 Festmetern Holz ist die Großvatertanne die mächtigste Tanne im Schwarzwald. Sie liegt auf der Gemarkung der Gemeinde Loßburg in einem Waldstück zwischen Freudenstadt und Schömberg. Ein Wanderweg führt auch von der Kinzigquelle dort hin. Man braucht mehrere Menschen, um sie zu umfassen; ihr Alter wird mit ungefähr 300 Jahren beziffert.
Die Weißtanne ist der Charakterbaum des Schwarzwaldes. Ursprünglich bestand das Mittelgebirge aus Tannen und Buchen, bevor die kahlgeschlagenen Wälder im 19. Jahrhundert mit Fichten großflächig aufgeforstet wurden. Der Landkreis Freudenstadt, zu dem auch Loßburg und Alpirsbach gehören, hat

deutschlandweit einen der höchsten Anteile an Weißtannen und eben auch das größte Exemplar auf seiner Fläche. Rund um Loßburg gibt es außerdem mehrere alte Plenterwälder, die seit Jahrhunderten naturnah bewirtschaftet werden, ohne Kahlschlag und Monokulturen.

Von Alpirsbach aus könnte man nun einfach weiter das Kinzigtal hinabwandern. Der Flößerpfad geht bis Wolfach, der Jakobusweg sogar bis zum Rheingraben. Dann ist man historisch auch schon im Ausland angekommen: Kurz hinter Alpirsbach verlief einst die Landesgrenze zwischen dem Königreich Württemberg und dem Großherzogtum Baden.

Es lohnt sich aber auch, den Seitentälern rund um Alpirsbach etwas Aufmerksamkeit zu schenken. Vor allem die Gegend rund um Reinerzau und den Stausee Kleine Kinzig ist ein schönes Ziel für Wanderer und Liebhaber ländlicher Abgeschiedenheit.

Einer der schönsten Flecken ist hier der Martinshof in Kaltbrunn. Das Dorfgasthaus liegt auf einer Anhöhe in einem dünn besiedelten Schwarzwaldtal. An seinem Fuße sprudelt ein Bach und steht eine einsame Kapelle. Das Motiv hängt in zahllosen Varianten im Wirtshaus, als idyllisches Gemälde und als Holzreliefbild.

Verträumt und abgelegen: Der Martinshof und seine Kapelle liegen in einem Seitental bei Alpirsbach.

Ein Wirtshaus auf dem Dorf: Im Martinshof werden traditionelle Schwarzwälder Gerichte serviert.

Eine wunderbare Umgebung, um den Wandertag ausklingen zu lassen. Mit einer Forelle aus dem Kinzigtal, einem badischen Wein oder einem Württemberger Bier aus Alpirsbach. Im Schwarzwald kommt das Beste aus beiden Landesteilen zusammen sowie auf den Teller, sehr zum Vorteil derer, die dort auf Glaubenswegen für Genießer unterwegs sind.

INFORMATIONEN

ANFAHRT
Alpirsbach und Loßburg haben einen Bahnanschluss. Zwischen beiden Orten gibt es eine stündliche Zugverbindung. Es verkehrt auch ein Bus. Übernachtungsgäste dürfen den ÖPNV kostenlos benutzen: www.bahn.de

WANDERN
Die Wanderung von Loßburg nach Alpirsbach ist ungefähr zehn Kilometer lang. Der Weg ist einfach, fast barrierefrei und hat ein leichtes Gefälle. Anfangs geschottert, ab Ehlenbogen asphaltiert. Der Flößerpfad und der Kinzigtäler Jakobusweg verlaufen hier auf der gleichen Strecke. Der Flößerpfad geht noch bis Wolfach weiter, der Jakobusweg bis Kehl am Rhein: www.floesserpfad.de, www.schwarzwald-kinzigtal.info

KLOSTER
Von März bis Oktober sind Kloster und Klostermuseum täglich geöffnet, im Winter Donnerstag bis Sonntag.
In der Saison gibt es vier Führungen täglich (11.30, 12.30, 13.30 und 15 Uhr), im Winter eine Führung an den Öffnungstagen (13.30 Uhr): www.kloster-alpirsbach.de

BRAUEREI
Auf dem Klostergelände befindet sich auch „Alpirsbacher Klosterbräu". Es gibt einen Brauereiladen und tägliche Brauereiführungen um 14.30 Uhr: www.alpirsbacher.de

EINKEHREN
Vogtsmichelhof: Beliebte Vesperstube in Ehlenbogen mit einfachen Gerichten. Man kann dort wunderbar draußen sitzen und auch übernachten: www.vogtsmichelhof.de

Café am Kloster: Hervorragende hausgemachte Kuchen, gleich neben dem Kloster in Alpirsbach gelegen, schöne Terrasse: www.cafeamkloster.de

Martinshof: Landgasthof in einem abgeschiedenen Tal bei Schenkenzell (Ortsteil Kaltbrunn). Liegt traumhaft an einem Bach und einer Kapelle: Telefon 07836-2586.

Gasthaus zur Alten Kirche: Im Loßburger Ortsteil Unterbrändi wurde das alte Kirchengebäude in eine Gaststätte verwandelt. Ein Einkehrerlebnis der besonderen Art. Geöffnet nur Samstag, Sonntag und an Feiertagen: Telefon 07446-2261.

ÜBERNACHTEN
Löwen-Post: Im Brauereigasthof in Alpirsbach kann man nicht nur gut essen und trinken, sondern auch übernachten. Im gleichen Gebäudekomplex gibt es zudem eine Eisdiele: www.loewen-post.de

ALLGEMEINE AUSKUNFT
Stadtinformation Alpirsbach, Krähenbadstraße 2, 72275 Alpirsbach, Telefon 07444-9516281, www.stadt-alpirsbach.de

Loßburg Information – Kinzighaus, Hauptstraße 46, 72290 Loßburg, Telefon 07446-950460, www.lossburg.de

Jockelemühle

ZUPAN

KIRNBACH

Der evangelische Bollenhut

Der rote Bollenhut ist das bekannteste Symbol des Schwarzwalds. Dass er auch eine evangelische Kirchentracht ist, wissen die wenigsten. Ein Talwanderweg bringt Besuchern die farbenfrohe Tracht näher.

An der Jockelemühle ist richtig was los. Mädchen in roten Bollenhüten tanzen im Kreis herum, Frauen mit schwarzen Kopfbedeckungen sitzen in der Sonne daneben. Ein Akkordeonspieler greift in die Tasten, am Bach lärmen die Kinder und spielen Fangen. Es ist eine Dorfszene wie aus einem alten Film, das „Schwarzwaldmädel" mit Sonja Ziemann aus dem Jahre 1950 lässt grüßen.

Im Kinzigtal ist der Bollenhut zu Hause. Die Mädchen tragen rote, die verheirateten Frauen schwarze Bollen.

Tatsächlich schreibt man in Kirnbach jedoch den 1. Mai 2019. Die Dorfbewohner feiern ein Fest auf ihrem Talwanderweg, den sie vor zwei Jahren dem Schwarzwälder Bollenhut gewidmet haben. Darauf sind sie stolz, denn hier ist er wirklich zu Hause, der weltbekannte Hut mit seiner Krone aus 14 roten Wollknäueln.

In der ganzen Welt machen die Schwarzwälder mit dem roten Bollenhut Werbung. Von New York bis Rio, von Tokio bis Kapstadt. Als ob es die am weitesten verbreitete Tracht des Landes wäre. Dabei kommt sie nur in drei Gemeinden im Kinzigtal vor: Gutach, Reichenbach und Kirnbach. Es sind ausgerechnet drei evangelische Gemeinden in einer ansonsten tiefkatholischen Umgebung. Der Grund dafür ist, dass sie einst zu Württemberg gehörten. Dort war man seit 1534 protestantisch.

1810 kamen die Dörfer in einem Gebietstausch nach Baden, doch der Glaube blieb und jene Kopfbedeckung auch, die ihnen der Herzog von Württemberg 1797 auf den Weg mitgegeben hatte: ein Strohhut mit roten und schwarzen Kugeln, dessen Herstellung die Not der Menschen im Kinzigtal lindern sollte.

Bei der Konfirmation setzen die Mädchen zum ersten Mal den roten Bollenhut auf.

Julia Milazzo trägt eine Menge Tradition auf dem Kopf. 1,5 Kilo ist der mit Gips verstärkte Hut schwer, rund zwei Stunden hat die 16-Jährige gebraucht, bis sie komplett angezogen war. Haarschmuck, Frisur, Kappe, Spitzenschleier, Strumpfhose, Rock und Mieder. Die Bollenhut-Tracht ist ein filigranes Gesamtkunstwerk mit allerlei Schleifen und Zierrat, wie etwa der kleine, aber prachtvolle perlenbesetzte Spiegel am Zopf der Damen.

Vor drei Jahren hat Julia den roten Bollenhut zum ersten Mal getragen. Bei ihrer Konfirmation, ein großer Moment. Der Bollenhut ist auch eine Kirchentracht, alte Fotos zeugen davon. Dass der Brauch heute in Kirnbach wieder so lebendig ist, geht auf einen Pfarrer zurück. Erik Turnwald kam aus dem Sudetenland in den Schwarzwald und begründete dort nicht nur die Trachtenkonfirmation neu, sondern auch gleich den Trachtenverein „Kurrende“.

Farbenfrohes Ereignis: die Trachtenkonfirmation in Kirnbach. Ein engagierter Pfarrer hat sie 1963 wiederbelebt.

WALTRAUD KECH: **BOLLENHÜTE SIND MEIN LEBEN**

„Damit die Tradition bleibt“

Waldtraud Kech (60) aus Kirnbach ist seit fast 40 Jahren Trachtenschneiderin. Viele Bollenhüte sind ihr Werk.

Tracht zu tragen ist bei uns eine echte Tradition, kein Schaustück für Touristen. Es steht für Familie, Geborgenheit und Heimat. Ich bin evangelisch getauft und mit dem roten Bollenhut konfirmiert worden. Seit ich verheiratet bin, trage ich einen schwarzen Bollenhut. Die Stoffe meiner Tracht sind zum Teil von meiner Großmutter, manche Stücke sind fast 100 Jahre alt.
Das ist auch mein großes Ziel als Trachtenschneiderin: möglichst viele Originale zu erhalten und sie anzupassen. Das tue ich jetzt seit 38 Jahren und es ist noch immer eine sehr schöne Aufgabe. Ich kann mich noch an Pfarrer Turnwald erinnern, der hier die Trachtenkonfirmation wieder eingeführt und den Trachtenverein Kurrende begründet hat, ein beeindruckender Mann.
Eine Tracht mit dem Bollenhut ist ein Gesamtkunstwerk, sie kann bis zu 2000 Euro kosten. Wer es sich nicht leisten kann, wird bei uns vom Verein unterstützt. Damit die Tradition bleibt. Ich hoffe sehr, dass auch in Zukunft die jungen Menschen unsere Tracht tragen und das Erbe weitergeben: www.bollenhut.de

1963 gingen die Mädchen erstmals wieder geschlossen im roten Bollenhut zur Einsegnung. Wer kein Geld für die Tracht hatte, bekam sie vom Trachtenverein gestellt. So ist das bis heute. Kirnbach ist der einzige der drei Kinzigtäler Bollenhut-Orte, in dem alle in Tracht zum Altar gehen. „Eine schöne Sache und ein Stück Identität“, sagt Pfarrer Stephan Voß, der das Erbe seines Vorgängers Turnwald mit Begeisterung weiterführt.

Stephan Voß feiert auch das Fest auf dem Bollenhut-Talwegle gerne mit. Alle paar Sekunden grüßt er jemand anderen, man kennt sich in dem 1200-Einwohner-Dorf, das abgeschieden am Rande des Kinzigtals liegt. Der Kirnbach ist ein Nebenfluss der Kinzig, geruhsam plätschert er durchs Tal und be-

Das Bollenhut-Talwegle in Kirnbach erklärt die Tradition der Tracht.

gleitet die Wegtafeln, die auf 3,5 Kilometern Länge die Tradition des Bollenhuts erklären.

Ein malerischer Dorfweg schlängelt sich zwischen alten Mühlen und Schwarzwaldhäusern hindurch. Am einen und am anderen Ende liegt ein Gasthaus: der Kirnbacher Hof, ein Wellness-Hotel mit gehobenem Niveau, und die Sonne, ein einfacheres Haus, das nach einem Besitzerwechsel gerade wieder einen Neustart wagt. Die Sonne liegt gleich neben der Kirche, in der am Sonntag Judika im Frühjahr die Trachtenkonfirmation gefeiert wird. Erstaunlich wenig Auswärtige wohnen dem Ereignis bei, denn im Gegensatz zu anderen Bollenhut-Events im Schwarzwald wird der kirchliche Teil der Tradition von der breiten Öffentlichkeit kaum wahrgenommen.

Kirnbach ist ein schöner Ausgangspunkt zum Wandern.

Ohnehin ist Kirnbach nicht die prominenteste der drei Kinzigtäler Bollenhut-Gemeinden. Der Tourismus geht fast ausschließlich nach Gutach, wo die bekannten Vogtsbauernhöfe ihren Sitz haben. Das Freilichtmuseum lockt jährlich Tausen-

de von Besucherinnen und Besuchern an, während sich nach Kirnbach zumeist nur eine Handvoll verirrt.

So ist man auf dem Bollenhut-Talwegle in den meisten Fällen für sich. Nur ab und an kreuzt ein Wanderer den Weg, die Wahrscheinlichkeit, im Tal Einheimischen zu begegnen, kann als ausgesprochen hoch bezeichnet werden. Es ist himmlisch ruhig hier, das acht Kilometer lange Tal hat kaum Durchgangsverkehr und keine großen Attraktionen.

Dafür viele kleine. Der Talweg fällt gemächlich ab, streift Wiesen mit Schafen und Ziegen und Schwarzwaldhäuser mit tiefer Walmdachhaube. Immer wieder lädt eine Informationstafel zum Verweilen ein, erläutert die Zusammensetzung der jewei-

EXTRATIPP

DAS HANSJAKOB-MUSEUM

Der katholische Priester Heinrich Hansjakob (1837–1916) aus Haslach im Kinzigtal war eine schillernde Figur. In

Hagnau am Bodensee begründete er die erste badische Winzergenossenschaft, in Freiburg wurde er zum Bestsellerautor. Seine Werke erreichten Millionenauflagen, seine Themen waren der Schwarzwald, seine Menschen und deren Brauchtum. Immer wieder verbrachte er Zeit im Kinzigtal und kam im Ruhestand auch dorthin zurück. Sein opulentes Schwarzwaldhaus in Haslach, der Freihof, ist heute ein Museum. Erst vor wenigen Jahren wurde es grundlegend modernisiert, es zeigt Hansjakob mit allen Facetten seiner Persönlichkeit. Im nahen Hofstetten hat er sich schon zu Lebzeiten ein Mausoleum mit Kapelle errichten lassen, in

den Gasthof Drei Schneeballen ist er immer wieder eingekehrt. Der Gasthof ist noch heute bekannt für seine guten Fischgerichte. Wer will, kann auch auf den Spuren Heinrich Hansjakobs wandern. Es gibt einen großen und einen kleinen Hansjakob-Weg: www.schwarzwald-kinzigtal.info, www.haslach.de, www.drei-schneeballen.de

ligen Tracht, ihre Herkunft und ihre gegenwärtige Bedeutung. Ab und an darf auch geschmunzelt werden, etwa wenn eine holzgeschnitzte Bollenhut-Maske dazu einlädt, den Kopf hindurchzustecken und ein Foto zu machen. Besonders Männer machen darin eine lustige Figur!

Wie bei einer Prozession marschieren die Trachtenträgerinnen beim Bollenhut-Fest am 1. Mai am Kirnbach entlang. Die kleinen Mädchen tragen schwarze Häubchen, die jungen Frauen Hüte mit roten Bollen und die verheirateten Hüte mit schwarzen Bollen. So ist es Brauch und so wird es in Kirnbach auch heute noch gehandhabt.

Der Bollenhut-Weg im Tal ist durchaus unterhaltsam und an Festtagen sehr belebt.

Der weltweite Siegeszug des roten Bollenhuts begann Mitte des 19. Jahrhunderts. 1860 verewigte ein Straßburger Illustrator die Tracht in einem Bildband. Das inspirierte die Landschaftsmaler, die sich nach dem Anschluss Gutachs an die Badische Schwarzwaldbahn 1873 hier in einer Künstlerkolonie

niederließen. Ihre Postkarten gingen um die Welt, vor allem jene mit dem Motiv des Bollenhuts.

Ein Mythos war entstanden, den die badische Großherzogin Luise verstärkte, als sie sich bei ihren Besuchen im Schwarzwald demonstrativ mit Bollenhut zeigte. Als der dann im 20. Jahrhundert, ähnlich wie die Kuckucksuhr, als altbacken galt, kamen moderne Künstler und verfremdeten ihn abermals: So hat der Bollenhut den Wandel der Zeiten überlebt und ist heute offizieller Bestandteil des Logos der Schwarzwald Tourismus GmbH.

Rote Bollen prangen auch auf den Hinweisschildern des Kirnbacher Talwegles. In einer gemütlichen Stunde hat man ihn geschafft. Wer die gleiche Strecke nicht wieder zurückgehen möchte, kann aus zwei Höhenrundwegen wählen, die in Kombination mit dem Talweg ausgewiesen wurden: den Bollenhut-Winterbergweg auf der Südostseite des Tales oder den Sommerbergweg auf der Nordwestseite.

Beide sind deutlich über zehn Kilometer lang und führen durch einen schattigen Höhenwald. Rund 400 Höhenmeter sind dabei zu bewältigen, für beide Wege sollte man einen halben Wandertag einplanen. Vor allem an heißen Sommertagen sind sie eine Wohltat, auch wenn sich die Zahl der Aussichtspunkte und schmalen Naturpfade hier in Grenzen hält.

Kirche in Kirnbach: Hier findet jedes Jahr eine Bollenhut-Konfirmation statt.

Die katholische Kirche von St. Roman: Der Ort liegt idyllisch inmitten einer Waldinsel.

Beide zweigen am Kirnbacher Hof ab und gehen über die Höhenzüge zurück zum Ausgangspunkt an der Kirnbacher Kirche. Die liegt ausgesprochen schön auf einem grünen Hügel, umgeben von einem Friedhof und dem alten Rathaus, das in Zukunft sporadisch als Café genutzt werden soll.

Seit der Kommunalreform ist Kirnbach ein Teil von Wolfach im Kinzigtal. Sehr zum Leidwesen mancher Einwohnerinnen und Einwohner, die damit noch immer nicht ganz klarkommen. Gut gelungen scheint jedoch die Integration nach Baden, kaum jemand in Kirnbach käme noch auf die Idee, sich als Württemberger zu bezeichnen, auch wenn der Dialekt verdächtig viele schwäbische Spuren aufweist.

Wolfach ist eine katholische Gemeinde, so wie die meisten Gemeinden im Schwarzwald und im Kinzigtal. Auch in Kirnbach wohnen heute so viele Katholische wie Evangelische. Der Zuzug aus dem Umland hat dafür gesorgt, „aber das Selbstverständnis ist immer noch sehr evangelisch", sagt Pfarrer Stefan Voß, der sich darüber freut, dass die meisten Menschen hier tatsächlich noch der Kirche angehören und sie im Alltag auch noch eine große Rolle spielt.

Wenige Kilometer von Wolfach entfernt, in einer Waldinsel im Nordosten, liegt St. Roman, ein katholischer Wallfahrtsort. Erhaben thront die Kirche auf einem Hügel, daneben stehen ein paar Höfe sowie der Hotelkomplex des Landgasthofs Adler, dem heute fast der halbe Ort gehört.

Man isst dort vorzüglich, etwa Sauerbraten vom Weideochsen, Schwarzwälder Forelle aus der eigenen Zucht oder zahlreiche Wildgerichte vom heimischen Jäger. Ein kulinarischer Tagesausklang und ein ökumenischer dazu im katholischen Umland. Der Bollenhut hat sich ja selbst dort durchgesetzt, auch wenn er eigentlich bis heute ein echter Protestant ist. Aber das wissen eben nur die Kirnbacher und die, die ihnen in ihrem schönen Dorf einen Besuch abstatten.

Festliches Finale: Im Adler in St. Roman kann man den Tag kulinarisch ausklingen lassen.

INFORMATIONEN

ANFAHRT

Wolfach ist gut mit dem Zug zu erreichen. Von dort sind es zwei Kilometer bis zum Beginn des Bollenhut-Talwegles am Kirnbacher Hof. Außerdem gibt es Busverbindungen. Wer mit dem Auto kommt, kann zur Kirche weiterfahren und dort parken.

WANDERN

Das Bollenhut-Talwegle (auch unter dem Namen Karl-Wöhrle-Weg bekannt) ist 3,5 Kilometer lang und verläuft zwischen der Kirche und dem Kirnbacher Hof auf naturnahem Untergrund. Zwei größere Rundwanderungen sind ausgeschildert (Sommerbergweg: 12,7 Kilometer, Winterbergweg: 11 Kilometer). Ein Faltblatt gibt es bei der Touristinformation und beim Trachtenverein: www.bollenhut.de

TRACHTENKONFIRMATION

Sie findet jedes Jahr am Sonntag Judika (März oder April) in Kirnbach statt und ist einen Besuch wert. Die Mädchen kommen alle im roten Bollenhut zur Einsegnung: www.ev-kirche-kirnbach.de

VOGTSBAUERNHOF

Unweit von Kirnbach, in Gutach, liegt das bekannte Freilichtmuseum Vogtsbauernhof. Dort kann man eine Bollenhut-Macherin bei der Arbeit beobachten: www.vogtsbauernhof.de

TRACHTENMUSEUM

Das Trachtenmuseum in Haslach im Kinzigtal zeigt über 100 Originaltrachten aus dem Schwarzwald, unter anderem jene mit dem Bollenhut: www.haslach.de

EINKEHREN

Hotel Adler: Naturparkhotel in idyllischer Umgebung mit ausgezeichneter regionaler Küche und zahlreichen Gerichten aus eigener Jagd und Herstellung: www.naturparkhotel-adler.de

Gasthof Hecht: Historisches Fachwerkhaus im Herzen von Wolfach mit guter Schwarzwälder Küche: www.hecht-wolfach.de

ÜBERNACHTEN

Hotel Sonne: Liegt direkt unterhalb der Kirche in Kirnbach, die Zimmer sind frisch renoviert, die Preise moderat, es gibt einen Aufzug: www.sonne-kirnbach.de

ALLGEMEINE AUSKUNFT

Touristinformation Wolfach, Hauptstraße 41, 77709 Wolfach, Tel. 07834-835353, www.wolfach.info

Lieblingsplatz

SCHNECKENLOCH

SCHONACH

Viele Kapellen und ein blinder See

Früher hatte fast jeder Bauernhof seine eigene Kapelle. Der Kapellenweg bei Schonach im Mittleren Schwarzwald lädt ein, sie zu entdecken und sich von ihnen verzaubern zu lassen.

Mitten in einer Waldinsel bei Schonach steht die Bruder-Klaus-Kapelle. Ein kleines Kirchlein mit Glockenseil und Schindeldach, Schwarzwälder Granit und einem Altar aus Fichtenholz. Unter dem Altar liegen zwei Tafeln mit den zehn Geboten, geschnitzt aus Lindenholz und überschrieben mit den Worten „Gottes Liebe“.

Gemütliches Geläut: In den Kapellen am Kapellenweg wird das Glockenseil vielfach noch von Hand gezogen.

2007 haben Wolfgang und Susi Wehrle aus Schonach die wunderbare kleine Kapelle errichtet. Ein Dank für vieles, aber auch eine Erinnerung an die, die verstorben sind. Der Platz mitten im Wald ist ein altes Familiengrundstück. Im Schneckenloch stand einst der Hof der Eltern, der Ort, an dem die heute 96-jährige Luise Wehrle aufwuchs. Als sie 1950 heiratete, hat sie ihn verlassen.

„Hier ist sie glücklich“, sagt ihre Schwiegertochter Susi Wehrle. Immer wenn die hochbetagte Frau zur Kapelle am Ort ihrer Kindheit kommt, strahlen ihre Augen. Das Schneckenloch ist ein Idyll, fernab der nächsten Hauptverkehrsstraße. Ein Rückzugsort der Familie, an dem sie sich immer wieder trifft. Eine kleine Hütte gibt es hier, eine Grillstelle, eine Wiese, auf der man Spiele machen kann. Das Besondere aber: Die Wehrles haben ganz und gar nichts dagegen, wenn Wanderer bei ihnen vorbeikommen. Im Gegenteil: Wer immer den Weg ins Schneckenloch findet, darf sich bei ihnen dazusetzen.

Es gibt kostenlose Getränke für Wanderer, auch Teelichter, die sie in der Kapelle anzünden können. Rund um die Uhr ist die Bruder-Klaus-Kapelle geöffnet. „Wir haben noch keine schlechten Erfahrungen gemacht“, sagt Susi Wehrle, „wir

Die Judas-Thaddäus-Kapelle am Ortsrand von Schonach.

freuen uns, wenn die Menschen hierherkommen und für sich etwas finden."

Jede Kapelle auf dem Weg hat ihre eigene Geschichte. Die der Bruder-Klaus-Kapelle in Schonach ist relativ jung. Schon 150 Jahre hingegen hat die Judas-Thaddäus-Kapelle hinter sich. Sie ist einem Apostel gewidmet, nicht dem, der Jesus verraten hat (Judas Ischariot), sondern einem Heiligen, der in ausweglosen Situationen angerufen wird.

Die Judas-Thaddäus-Kapelle steht in einer Wegbiegung am Ortsausgang von Schonach, eine Wiese mit frisch gemähtem Gras umgibt sie, es duftet nach Landleben und würzigen Kräutern. Immer wieder fährt ein Traktor vorbei, kommen Wanderer des Weges, die durch den Schwarzwald streifen.

Es ist der badische, der katholische Schwarzwald. Die meisten Kapellen sind ein Ausdruck des tief verwurzelten Glaubens, der Anbetung der Heiligen, von denen man sich Hilfe erhofft.

Schilder weisen den Weg zur abgelegenen Bruder-Klaus-Kapelle.

Bruder Klaus gilt als Friedenstifter. In der Schweiz wird er als Nationalheiliger verehrt, doch über das einst riesige Bistum Konstanz verbreiteten sich sein Name und sein Ruf bis weit in den Schwarzwald hinein.

24 Kapellen liegen am Kapellenweg, gleich zwei von ihnen sind Bruder Klaus gewidmet. Der Kapellenweg ist kein beschilderter Wanderweg, sondern ein Routenvorschlag in vier Varianten, der sich mithilfe einer Broschüre erschließt. Schonach, Furtwangen, Schönwald und St. Georgen gehören dazu. St. Georgen ist der einzige Ort mit einer protestantischen Vergangenheit, weil er lange Zeit zum Herzogtum Württemberg gehörte.

Die Touren sind nicht ganz kurz und auch nicht als Rundwanderweg angelegt. Aber man kann sich ja mit dem gedruckten Wanderführer in der Hand seine eigene Strecke zusammenstellen. Eines der lohnenswertesten Ziele ist die rund sieben

EXTRATIPP

ZUM KUCKUCK!

Triberg und Schonach sind das Zentrum der Schwarzwälder Kuckucksuhrenindustrie. Hier finden sich noch viele Werkstätten, wo sie in Handarbeit hergestellt werden, und natürlich zahlreiche Läden, die sie an die zumeist ausländische Kundschaft verkaufen. In Triberg und Schonach gibt es auch die größten Kuckucksuhren der Welt: Die Familie Dold aus Schonach hatte 1980 eine Kuckucksuhr gebaut, die so groß war wie ein Schwarzwaldhaus. Damit landete sie im Guinnessbuch der Rekorde, allerdings nur so lange, bis im Jahr 2000 der Uhrenpark Eble in Triberg eine noch größere Kuckucksuhr bauen ließ. Sie hat die 60-fache Größe einer normalen Wanduhr. Seither beanspruchen die Schonacher den Titel „Erste weltgrößte Kuckucksuhr" für sich. Sehenswert sind sie letztlich beide.

Ebenfalls sehenswert ist das Deutsche Uhrenmuseum im nahen Furtwangen, in dem auch die Geschichte der Kuckucksuhr erzählt wird. Seit jüngere Künstler sie für sich entdeckt haben, nimmt übrigens die Zahl der verkauften Exemplare auch auf dem deutschen Markt wieder zu:
www.1weltgroesstekuckucksuhr.de
www.uhren-park.de
www.deutsches-uhrenmuseum.de
www.deutsche-uhrenstrasse.de

Kilometer lange Rundwanderung zum Blindensee und zur Wendelinkapelle.

Man beginnt sie am Parkplatz „Weißenbacher Höhe“ in Schönwald. Von dort folgt man einfach den Schildern Richtung Blindensee, am besten auf der Route des bekannten Westwegs. Der führt hier mitten durch die Landschaft, auf zumeist schmalen Pfaden, die von Tannen, Fichten und Heidelbeerbüschen gesäumt werden. Rund 1000 Meter hoch liegt die Landschaft hier, eine Sommerfrische und ein Wintermärchen, wenn es richtig geschneit hat.

Geheimnisvoller Blindensee: Von der Weißenbacher Höhe führte ein schöner Rundwanderweg ins Naturschutzgebiet.

Der Blindensee ist ein Mysterium. Inmitten eines alten Hochwaldes taucht er auf, dunkel und flach, ein mooriges Gewässer, das weder Zu- noch Abfluss besitzt. Ein Bohlenweg führt über den morastigen Untergrund, geleitet die Wanderer zu einer Sitzbank, an der sie verweilen können.

SUSI WEHRLE: **UNSERE KLEINE KAPELLE**

„Gäste sind immer willkommen“

Susi Wehrle und ihr Mann Wolfang sind die Besitzer der Bruder-Klaus-Kapelle in Schonach. Ihr Bau war für sie eine Herzensangelegenheit.

Das Schneckenloch ist für unsere Familien ein besonderer Ort. Hier stand der Bauernhof unserer Vorfahren, hier haben wir schon seit Jahren eine Grillhütte, in die wir uns zurückziehen. 2007 haben wir uns entschlossen, dort eine Kapelle zu bauen. Es war unglaublich, wie viele Menschen uns dabei spontan geholfen haben. Berührend auch, wenn wir jedes Jahr am ersten Donnerstag im August dort eine Messe feiern. Über 100 Menschen kommen dann und erleben mit uns diesen Ort.

Der Glaube ist ein wichtiger Bestandteil unseres Lebens. Als 2011 Papst Benedikt nach Freiburg kam, sind wir hin und haben anschließend eine der Sitzbänke erworben. Die Papstbank steht heute neben der Kapelle.

Wir freuen uns immer, wenn Wanderer vorbeikommen, unsere Kapelle besuchen und bei uns im Garten Platz nehmen. Sie dürfen ruhig näherkommen, wir fühlen uns nie gestört, im Gegenteil. Wer mehr wissen will, kann mich im Pfarrbüro in Schonach anrufen, dort bin ich Pfarramtssekretärin: Telefon 07722-5313.

Es ist ein ganz besonderer Ort, einer, den die Menschen immer wieder aufsuchen, um für sich zu sein. Der Blindensee ist ein Naturschutzgebiet, ein Lebensraum für die seltene Kleine Moosjungfer, eine Libellenart, die an diese spezielle Umgebung angepasst ist. Woher der Blindensee seinen Namen hat, ist ein Rätsel: Von seiner Undurchsichtigkeit, sagen die einen, die anderen schieben es auf einen blinden Bauern, der hier einst in der Nähe wohnte.

Sicher ist nur, dass derjenige einen Fehler macht, der blindlings an ihm vorbeigeht. An einem ruhigen Werktag ist er so wertvoll wie eine kleine Kapelle, so berührend wie eines der vielen Gotteshäuschen, die auch hier nicht wirklich weit sind.

Die Wendelinkapelle ist ein richtiges Bauernhofkirchlein.

Die nächste erreichbare Kapelle ist die Wendelinkapelle. Man verlässt einfach den Westweg und geht über die Wiese zum Farnbauernhof hinunter (Farnberg 7, Schönwald). Ein kleiner Schlenker auf dem Rückweg vom Blindensee, der sich lohnt. Man darf aber auch mit dem Auto dorthin fahren, die Familie Dold hat sogar vier Parkplätze gegenüber der Kapelle beschildert.

Die ist ein richtiges Bauernhofkirchlein, direkt platziert neben dem Unterstellplatz für den Mähdrescher. Eine kleine Glocke hängt in ihrem Dachreiter, dreimal am Tag wird sie geläutet: um 6 Uhr, wenn es Zeit zum Aufstehen ist, um 11 Uhr, wenn die Bäuerin das Mittagessen vorbereitet, und um 18 Uhr, wenn das Abendbrot wartet. Es ist ein fröhliches Gebimmel, das hier bereits per automatischer Zeitschaltuhr erledigt wird. Die Bauern haben längst Uhren und Smartphones und sind auf das Signal nicht mehr angewiesen, aber schön ist es trotzdem.

Für Wanderer gibt es an der Wendelinkapelle gekühlte Getränke.

Immer wieder verblüfft die Gastfreundschaft, die den Wanderern an den Kapellen entgegengebracht wird. Hier gibt es eine Willkommenskultur der besonders erfrischenden Art mit einem kalten Brunnen und gekühlten Getränken, die hinter einer Schranktür warten: „S' Farnbura Trinkbrunne, gugg amol ni", steht an der Schranktür neben der Wendelinkapelle zu lesen. So hat man auch gleich ein paar Brocken Badisch gelernt.

Wird auch „Wälderbasilika" genannt: die erstaunliche große Dorfkirche St. Urban in Schonach.

So bezaubernd die kleinen Kirchen sind: Es lohnt sich durchaus, auch einen Blick in die großen hineinzuwerfen. In die Kirche von Schonach zum Beispiel, bei der man sich ernsthaft fragt, ob sie wirklich für ein Dorf im Schwarzwald konzipiert worden ist. Gut 1000 Sitzplätze hat St. Urban, ein neobarocker Bau aus dem Jahre 1915, der aufgrund seiner Größenordnung auch „Wälderbasilika" genannt wird.

Ein energischer Pfarrer namens Wilhelm Fichter hat den Neubau vor gut 100 Jahren durchgesetzt. Keiner der 2800 Dorfbewohner sollte mehr stehen müssen, weshalb er einst sogar 2000 Plätze forderte, allerdings dann doch nicht ganz bekam. Gleichwohl zeigt die Rechnung, wie groß der Gottesdienstbesuch Anfang des 20. Jahrhunderts in den Dörfern des Schwarzwaldes noch gewesen sein muss.

Eine nicht minder beachtenswerte Barockkirche steht im benachbarten Triberg. „Maria in der Tanne" stammt schon aus

Ziel für Wallfahrer: Vor allem der Hochaltar von „Maria in der Tanne" in Triberg ist beeindruckend.

dem frühen 18. Jahrhundert, mit einem Hochaltar, der die Besucher mit seiner Pracht und Dimension beinahe sprachlos macht. Eine Miniatur von ihm steht übrigens auf dem Altar der Judas-Thaddäus-Kapelle, aber hier in Triberg kann man das Original besichtigen.

Der Bau der Wallfahrtskirche geht auf eine Wunderheilung aus dem 17. Jahrhundert zurück. Ein Mädchen soll von seinem Augenleiden erlöst worden sein, nachdem es ein Marienbild in einer Tanne entdeckt hatte: „Maria in der Tanne" lautete später dann auch der Name des Gotteshauses, über dessen künstlerischen Wert gestritten wird. Ein beeindruckendes Bauwerk ist es auf jeden Fall.

Triberg im Mittleren Schwarzwald ist für vieles bekannt: seinen großen Wasserfall, die Kuckucksuhren und natürlich die Schwarzwälder Kirschtorte. Zu der gibt es im Café Schäfer an der Hauptstraße eine ganz besondere Geschichte: Der Vater des heutigen Besitzers ging in Radolfzell bei eben jenem Bäckermeister in die Lehre, der die Schwarzwälder Kirschtorte 1915 erfunden hatte.

Irgendwann fand Claus Schäfer im Nachlass seines Vaters plötzlich das Rezept und backt seine Schwarzwälder Kirsch seither nach der Original-Anleitung. Seine Torte schmeckt tatsächlich auch vorzüglich. Das Café Schäfer gehört zu den wenigen verbliebenen klassischen Konditoreibetrieben, die seit Generationen in Familienhand sind.

Schwarzwälder Kirsch nach altem Rezept im Café Schäfer in Triberg.

Seit Generationen in Familienhand sind auch viele der Kapellen am Kapellenweg. Sie werden gehegt und gepflegt und von einer Generation an die nächste weitergereicht. Auch Susi und Wolfgang Wehrle werden es mit ihrer Bruder-Klaus-Kapelle wohl so machen. Derzeit macht sie vier Generationen der Familie glücklich, ebenso eine Menge Wanderer, die dort unterwegs sind.

In einem Gästebuch dürfen sie sich verewigen, ihre Anliegen hineinschreiben und Bruder Klaus mitteilen, wo der Schuh drückt. Er hat stets ein offenes Ohr für sie sowie eine offene Kapelle. 24 Stunden am Tag, 365 Tage im Jahr.

INFORMATIONEN

ANREISE

St. Georgen, Triberg und Furtwangen haben einen Bahnanschluss. Ansonsten gibt es Busse. Flexibler ist man jedoch mit dem eigenen Auto.

KAPELLENWEG

Der Kapellenweg besteht aus vier Streckenwanderungen, die zahlreiche Kapellen der Region um Schonach, Schönwald, St. Georgen und Furtwangen verbinden. Die Strecken sind nicht speziell beschildert, aber mithilfe der kostenlosen Broschüre „Wandererlebnis Kapellenweg" kommt man ganz gut zurecht. Erhältlich bei allen Touristinformationen.

BRUDER-KLAUS-KAPELLE

Zur Bruder-Klaus-Kapelle der Familie Wehrle im Schneckenloch in Schonach kommt man nur zu Fuß. Der geschotterte Wanderweg zweigt an der Straße zur „Schönen Aussicht" kurz vor dem ehemaligen Gasthaus Karlstein nach links ab, dort gibt es ein Hinweisschild zur Kapelle.

ZUM BLINDENSEE

Vom Parkplatz Weißenbacher Höhe in Schönwald liegt der Moorsee etwa drei Kilometer entfernt. Schöne Rundwanderung auf teils asphaltierten und teils naturnahen Wegen, die man mit der Wendelinkapelle am Farnbauernhof kombinieren kann, dann sind es insgesamt etwa sieben Kilometer Strecke. Für Wanderfreunde gibt es in den Touristinformationen eine neue Wanderkarte für 4,50 Euro oder eine kostenlose Broschüre „Wanderwege", die ebenfalls gut geeignet ist.

EINKEHREN

Gasthaus Rössle in Schönwald: Hervorragender Landgasthof im Ortsteil Weißenbach. Es gibt Wild aus eigener Jagd und Vorderwälder Rind. Man kann hier auch übernachten: www.gasthausroessle.de

Birgit's Bistro in Schonach: Tolle Lage am neu gestalteten Kurpark-See. Kleine Karte mit Flammkuchen, Pizza, Schnitzel und Pommes frites: Telefon 07722-9650050.

ÜBERNACHTEN

Schöne Aussicht in Horb-Niederwasser: Auf fast 1000 Metern Höhe liegt das renommierte Wellness-Hotel Schöne Aussicht, das auch für seine Küche bekannt ist. Nach Schonach sind es sieben Kilometer: www.schoeneaussicht.com

ALLGEMEINE AUSKUNFT

Touristinformation Schönwald, Franz-Schubert-Straße 3, 78141 Schönwald, Telefon 07722-860831.

Touristinformation Schonach, Hauptstraße 6, 78136 Schonach, Telefon 07722-964810.

„Das Ferienland" ist die Dachmarke der Region Schonach, Schönwald, St. Georgen und Furtwangen: www.dasferienland.de

3
Bauernbrot
ist Holzofenbrot
... alles Gute braucht seine Zeit
Schon um 6 Uhr in der Früh feuert der Bauer des Schneiderbauernhofs den Ofen an. Etwa 3 ½ Stunden lang muss er immer wieder Holz nachlegen. Wenn die Steine die Hitze gespeichert haben, wird die Holzkohle ausgeräumt.
Das „Mehlthermometer"
Um festzustellen, ob die Backtemperatur stimmt, streut der Bauer ein wenig Mehl auf den Ofenboden. Wird es schwarz, dann ist es im Ofen noch zu heiß. Wenn es sich leicht braun färbt, dann können die 20 Brotlaibe in den großen Ofen geschoben werden.
Vom ersten Anfeuern bis zum fertigen Brot vergehen knapp 5 Stunden.
Gefühl und Augenmaß
20 Laib Brot bedeuten eine große Menge Teig. Die Schneiderhofbäuerin verarbeitet dafür an jedem Backtag 20 kg Mehl, 12 bis 13 l Wasser, 3 Würfel Hefe und 450 g Salz. Die Laibe formt sie noch genauso wie bereits ihre Großmutter: von Hand nach Augenmaß und mit Gespür für das richtige Gewicht.
Im Vergleich zur Großmutter hat sie es jedoch viel leichter: Die schweren Teigmassen braucht die Schneiderhofbäuerin nicht mehr in der Teigmulde von Hand zu kneten. Heute erledigt dies die Teigmaschine.
Brotbacken heute:
In der Regel ist am Samstag Backtag. Auf Anfrage wird jedoch auch mal ein zusätzlicher Backtag eingelegt.
Brotweg

ELZACH-YACH

Unser täglich Brot

Auf dem Brotweg in Elzach-Yach im Mittleren Schwarzwald gibt es Einblicke in die Lebenswelt der Bauern und tatsächlich auch frisches Bauernbrot. Außerdem ein paar Wegekreuze und Wegbegleiter, mit denen man so nicht gerechnet hätte.

Die Wanderführerin hat Hörner. Und muht wie eine Kuh. Das liegt vermutlich daran, dass es tatsächlich eine Kuh ist, die auf dem Weg nun zielgerichtet voraustrottet. Immer wieder blickt sie sich um, als ob sie ihre Gruppe zusammenhalten und den Gästen von außerhalb die Strecke durch den Schwarzwald zeigen müsste.

Eine Kuh als Wanderführer: Der Brotweg in Elzach-Yach führt manchmal mitten durch die Viehweide.

Es kommt ja immer mal wieder vor, dass einem unterwegs ein Rindvieh begegnet. Doch nur selten ist das so amüsant wie hier am Wiesenhang hoch über dem Dorf Yach. Der Weg führt durch eine grasgrüne Weide, begleitet von einer braun-weißen Kuh, die den Wanderern vom ersten bis zum letzten Meter ihres Refugiums nicht von der Seite weicht.

Das macht Laune und Appetit auf die weiteren Etappen des Brotwegs im Südschwarzwald. Sein Name klingt unspektakulär, fast ein wenig trocken, wenn man bedenkt, was einen dort alles erwartet: rauschende Bäche, ein zünftiger Most, Milchkühe mit dicken Eutern und Brotzeiten, zu denen gerne auch ein saftiger Wurstsalat gereicht wird.

Seinen Namen hat der Brotweg bekommen, weil es dort eine Vielzahl von Bauernhöfen gibt, die alle an einem anderen Tag Brot backen. Sie tun es auf traditionelle Art und Weise, nach bodenständigen Rezepten aus jenen Zeiten, als das eigene Brot für sie überlebensnotwendig war. Kerniges Bauernbrot, ohne jeden Schnickschnack.

Die Brothöfe gehören zur Gemeinde Yach, dem einzigen Ort in Deutschland, der mit einem Y beginnt. Das Yach-Tal ist tatsächlich wie ein Y geformt, doch daher kommt der ungewöhnliche Name nicht. Eher wohl von „Ey" wie Au. Yach, das heute zur Stadt Elzach gehört, steht also für eine Au und einen Bach.

An diesem Au-Bach geht es los. Den Berg hinauf zum „Hofbauernhof", wo in einer vollgeladenen Schubkarre die Herbstäpfel lagern. Das duftet herrlich und betörend fruchtig. Die gelben Blätter fallen leise von den Bäumen und verwandeln die Landschaft in ein buntes Schwarzwälder Allerlei.

Es ist ein wunderbar sonniger Morgen. Einer dieser späten Herbsttage, die sich anfühlen, als ob der Sommer noch einmal in die Verlängerung gegangen wäre. Die Sonne strahlt, die Landschaft leuchtet und Mensch und Tier genießen die letzten Augenblicke, die sie ohne zu frieren draußen verbringen dürfen.

Reiche Ernte: Der Brotweg ist gesäumt von Streuobstwiesen und bäuerlichen Gehöften.

Elf Kilometer ist der Brotweg lang, rund 500 Höhenmeter steil. „Ein schöner Sonntagsspaziergang", sagt ein Einheimischer, der gerade den Weg entlangkommt. Wobei man das Wort Spaziergang nicht allzu wörtlich nehmen sollte: Es ist schon eine richtige Wanderung, wenn man den Brotweg in voller Länge

macht. Mittelmäßig in den Anforderungen, aber mit ein paar steilen Passagen, die schweißtreibend sind. Wer abkürzen möchte, kann auch eine vier Kilometer lange Variante gehen, verpasst dann aber einige der schönsten Abschnitte.

Die Menschen reden hier gerne, geben bereitwillig Auskunft, es dauert keine zwei Stunden, bis man über alle Höfe und die Gegend einigermaßen Bescheid weiß. Der Schneiderhof zum Beispiel backt immer an einem Samstag. Der Schneiderhof ist die einzige dauerhaft bewirtschaftete Einkehrstation entlang der Strecke. Mit einer zünftigen Vesperkarte und hauseigenem Most.

Vier Generationen wohnen hier unter einem Dach, sie empfangen vom Frühjahr bis zum Spätherbst Gäste. Der Wurstsalat ist ein Gedicht, das Bauernbrot natürlich auch, und der Most etwas, das man probiert haben sollte. Das Glas kostet 1,50 Euro. Wer den vergorenen Saft nicht gewohnt ist, bestellt vorsichtshalber lieber ein Schorle.

Einkehr für Leib und Seele: das Kirchlein von Yach, der Schneiderhof mit Most und Wurstsalat.

Typisch badisch: die Longinus-Kreuze am Wegesrand.

Es gibt so viel zu entdecken am Wegesrand. Zu den auffälligsten Dingen gehören die farbenfrohen Longinus-Kreuze, die hier so manchen Bauernhof zieren. Longinus war jener römische Hauptmann, der dem gekreuzigten Jesus die Lanze in die Seite stieß. Longinus wurde Christ und starb den Märtyrertod. Er zählt zu den Heiligen der katholischen Kirche, ein Bauernpatron, der vor allem im Einflussbereich der Habsburger sehr beliebt war.

Seit 1567 standen die Yacher unter dem Einfluss der habsburgischen Vorderösterreicher, die den Longinus-Kult beförderten, auch weil die heilige Lanze in Wien lagerte. Die Schwarzwälder Bauern wiederum verehrten Longinus, weil er ein berittener Soldat war und sie selbst oft als Kavalleristen beim Militär dienten. So wurde Longinus im Schwarzwald häufig als badischer Dragoner dargestellt, auch noch nach 1806, als der Landstrich rund um den Brotweg dem Großherzogtum Baden zugeschlagen wurde.

Ein besonders farbenprächtiges Longinus-Kreuz steht am Schneiderhof. Der römische Hauptmann sitzt dort auf einem Schimmel und hält eine gelb-rote Lanze in seiner Rechten. Darunter steht „Wahrhaft, dies war Gottes Sohn“, eine Stelle aus dem Matthäusevangelium, in der der Römer Zeugnis darüber ablegt, wer Jesus tatsächlich war.

Das Kreuz ist bestückt mit allerlei Gegenständen aus der Passion Jesu und reiht sich damit in die Tradition der sogenannten Arma-Christi-Kreuze ein: Andachtsbilder, die die Leidenswerkzeuge des Gekreuzigten zeigen, mit einer theatralischen Liebe zum Detail und

Rast mit Ausblick: Vom Brotweg aus sieht man bis nach Elzach hinunter.

nicht selten bekrönt von einem Walmdach, das an die Form eines Schwarzwälder Bauernhofs erinnert.

Der Brotweg ist ein unterhaltsamer Weg. Und einer mit malerischen Aussichten. Nach dem Schneiderhof steigt er an und geht über einen grasigen Waldweg hinauf auf rund 800 Meter Höhe. Der Blick ins Tal ist famos. Bis nach Elzach kann man schauen, über bewaldete Hügel und dünn besiedelte Täler.

EXTRATIPP

DAS BEINHAUS IN BLEIBACH

Ein ziemlich ungewöhnliches Gebäude ist die katholische Kirche St. Georg in Bleibach. Sie liegt knapp zehn Kilometer von Elzach entfernt an der Abzweigung zum Simonswälder Tal und ist in jedem Fall einen Abstecher wert. Hier wurde ein knallig rotes modernes Kirchenschiff mit einem alten gotischen Chor vereint. Der Innenraum wirkt wie ein riesiges Zelt, das die Gemeinde überspannt. Ein an sich schon bemerkenswerter architektonischer Spagat.

Das eigentliche Juwel der Kirche erwartet die Besucher jedoch im alten Beinhaus aus dem Jahre 1720. Man übersieht es nur allzu leicht. Verborgen hinter einer Glastür findet sich dort einer der skurrilsten Bilderzyklen im

Schwarzwald: der Bleibacher Totentanz. Der skelettierte Sensenmann geht um und zelebriert mit den Menschen ein makabres Ringelreihen. Eine ebenso drastische wie typische Darstellung aus dem alemannischen Raum, das die Gläubigen zu einem gottgefälligen Leben animieren sollte. Der Tod ist stets nah, im Leben wie in der Kirche von Bleibach, die ihn mahnend vor Augen führt.

Viel Arbeit, wenig Brot: Die Tafeln erläutern das bäuerliche Leben von früher.

In früheren Zeiten waren auch die Hügel waldfrei. Brotgetreide wuchs dort auf breiter Fläche, in unwirtlichen Lagen, die heute kein Mensch mehr bewirtschaften würde. Aber die Menschen waren arm und mussten sich selbst versorgen. „Unser tägliches Brot gib uns heute.“ Für die einfachen Bauern aus dem Südschwarzwald war dies eine Bitte mit ganz wörtlicher und existenzieller Bedeutung. Fiel die Ernte aus, ging es ums Überleben und die Frage, wie man über den nächsten Winter kommen würde. Erst die modernen Zeiten haben das geändert und aus den einst armen Schwarzwaldtälern prosperierende Rückzugsgebiete für Menschen gemacht, die nun über einen gewerblichen Arbeitsplatz und ein Automobil verfügen.

Das alles erfährt man auf Hinweistafeln am Wegesrand. Der Brotweg ist eine Reise durch die Zeiten und ein Hochtal, das zum Glück trotzdem recht ursprünglich geblieben ist. Kaum ein Laut stört die Stille, keine Durchgangsstraße, deren Rauschen das des Waldes übertönt. Ganz anders als im Elztal unten, durch das heute die Bundesstraße 295 führt. Der Wanderweg ist gut beschildert. Und das, obwohl er von keinem Verband jemals zertifiziert und klassifiziert wurde. Eine große Hilfe ist die Karte, die unten am Rathaus kostenlos ausliegt – und zwar außen, sodass sie jederzeit verfügbar ist.

Mit ihrer Hilfe geht es von einem Hof zum anderen. Dem Schneiderhof folgen der Tränklehof, der Bernhardenhof, der Vogtsjosefhof und der Schätzlehof. Am Schätzlehof steht die alte Bäuerin vor der Tür, fragt neugierig, wo man denn herkomme und wie es gefallen habe. Sie

ADRIAN BURGER: **MEIN TIPP FÜR DIE FASNET**

Der Mann mit der Maske

Adrian Burger aus Elzach ist Maskenschnitzer. Seit 30 Jahren gibt er der schwäbisch-alemannischen Fasnet mehr als nur ein Gesicht.

Bei der schwäbisch-alemannischen Fasnet gehört eines ganz sicher dazu: eine handgeschnitzte Holzmaske. Seit ich als kleiner Bub bei meinem Onkel in der Werkstatt war, fasziniert mich dieses Handwerk. Deswegen habe ich Holzbildhauer gelernt und meine eigene Werkstatt eröffnet. Es gibt viel zu tun, meistens bin ich schon Monate im Voraus ausgebucht. Es braucht seine Zeit, bis eine echte Larve, wie die Masken auch heißen, fertig ist. Alles ist Handarbeit, über 40 verschiedene Schnitzmesser liegen auf meiner Werkbank. Damit forme ich ganz unterschiedliche Figuren, Teufel, Hexen und Tiergesichter, je nach Kundenwunsch, jedes Stück ist ein Unikat.

Der „Schuttig" ist die Hauptfigur unserer Fasnet in Elzach. Die gehört bei uns zum Leben dazu, eine wunderschöne Zeit, in der wir mit Freunden von Haus zu Haus unterwegs sind und um die Häuser ziehen und auch die besuchen, die nicht mehr aus dem Haus können. Jeder feiert auf seine Art. Das Einzige, was wirklich tabu ist: die Demaskierung. Wer hinter der Maske steckt, bleibt ein Geheimnis, es gibt sogar spezielle Räume in den Gasthäusern, in denen die Schuttig ihre Larve abnehmen können, damit sie niemand sieht: www.maskenschnitzer.com

backt immer freitags und erzählt von früheren Zeiten, als sie mit Oma und Opa noch Reisigbesen gebunden hat. Es waren harte Jahre „mit vielen Essern in den Familien", wie eine Informationstafel erläutert. Der Schätzlehof ist auch ein beliebter Ferienhof. Auf der grünen Weide steht ein echtes Schwarzwälder Kaltblut-Pferd, gerade vor wenigen Wochen wurde ein Fohlen geboren. Das freut die großen und die kleinen Gäste.

Yach: Der Ort ist der einzige in Deutschland, der mit einem Y beginnt.

Sie genießen den Ausblick hinunter auf den Kirchturm von Yach. Erst 1827 hat der Ort eine eigene Kirche bekommen. Jahrhundertelang gehörten die Bauern zur Pfarrei St. Nikolaus in Elzach und mussten ins Tal ausweichen. Die Kapelle oben war zu klein und außerdem dem Freiherrn von Rottenburg vorbehalten.

Mit dem eigenen Kirchenbau kam für die Yacher 1827 die kirchliche Selbstständigkeit. Nun endlich war Yach eine eigene Pfarrei mit einem Gotteshaus, das sich auch in seiner Größe sehen lassen konnte. Es ist dem heiligen Wendelin gewidmet, der als Schutzpatron der Bauern gilt. Der Glockenturm auf der Kirche dient als Orientierungsmarke für Wanderer, die nun nach elf Kilometern wissen, dass sie am Ziel angekommen sind.

Geschafft! Der Brotweg geht dort zu Ende, wo er begonnen hat. Er hat tatsächlich Lust auf mehr und ein wenig hungrig gemacht. Den Appetit kann man im Landgasthaus Adler oder in der „Sonne“ stillen, oder aber in den heimischen vier Wänden mit einem frischen Bauernbrot aus dem Tal der Yach und einer Scheibe Speck aus Schwarzwälder Räucherstuben. Vielleicht liefert ja die Kuh mit Gästeführerprüfung die passende Butter dazu.

Ende Gelände: Der Brotweg ist nach elf Kilometern dort zu Ende, wo er begonnen hat, in Elzach-Yach.

Immer der Kuh nach: Wanderung über die Weide in Yach.

INFORMATIONEN

ANREISE

Das Dorf Yach liegt in einem Seitental bei Elzach im Südschwarzwald. Man erreicht es mit dem Bus ab Elzach, am einfachsten aber mit dem Auto. Beim Kindergarten (Dorfstraße) gibt es einen kostenlosen Wanderparkplatz.

DER BROTWEG

Er ist elf Kilometer lang und umfasst 510 Höhenmeter, verläuft auf asphaltierten Feld- oder naturnahen Waldwegen. Zeitbedarf mindestens vier Stunden. Von den Anforderungen her wird er als mittelschwer eingestuft, wer regelmäßig wandert, hat keinerlei Probleme. Es gibt eine kurze Variante mit vier Kilometern. Start und Ziel jeweils am Rathaus:
www.yach.de/wandern/brotweg

WANDERKARTE

Die kostenlose Wanderkarte „Wandern in Yach" gibt es am Rathaus in Yach, in einem Informationsständer außen, sodass sie jederzeit entnommen werden kann. Sie ist für den Brotweg vollkommen ausreichend und enthält zwei weitere Wanderwege: den Hirtenweg (19 Kilometer) und den Höhenweg (24 Kilometer).

EINKEHREN

Schneiderhof: Einzige Einkehrmöglichkeit auf dem Brotweg (Vorderzinken 26, Yach). Schöne Vesperstube mit kleiner Karte und Most. Samstags ist Brotbacktag. Es gibt auch Zimmer und Ferienwohnungen:
www.schneiderhof-yach.de

Adler in Yach: Landgasthof in der Dorfmitte mit guter regionaler Schwarzwälder Küche und einer schönen Terrasse. Auch vegetarische und vegane Angebote: www.adler-yach.de

ÜBERNACHTEN

Rössle in Oberprechtal: Ein besonders schöner Teil des Schwarzwälder Elztals ist das Oberprechtal. Der Landgasthof ist nicht nur eine gute Hotel-, sondern auch eine empfehlenswerte Einkehradresse: www.roessle-oberprechtal.de

ALLGEMEINE AUSKUNFT

ZweiTälerLand Tourismus, Bahnhofstraße 1, 79261 Gutach im Breisgau, Telefon 07685-19433,
www.zweitaelerland.de

MÜNSTERTAL

Die Kuppel und die Zwiebel

Im Münstertal steht das älteste noch bewohnte Kloster im Schwarzwald. Ein herrlicher Ort, um zur Ruhe zu kommen und bei stillen Spazierwegen die malerische Landschaft und ihre Einkehrmöglichkeiten zu entdecken.

Kurz nach der Jahrtausendwende war die Familie Boro zu Gast in den deutschen Wohnzimmern. Der TV-Vierteiler „Schwarzwaldhaus 1902“ über einen Vater, eine Mutter und ihre drei Kinder, die auf einem Bauernhof wie vor 100 Jahren lebten, erreichte unerwartet hohe Einschaltquoten. Es war ein Experiment mit offenem Ausgang, das so authentisch wie nur möglich wirken sollte: ein Schwarzwaldhof ohne Strom und ohne fließendes Wasser, ohne Melkmaschine und moderne Küchengeräte. Damit mussten die aus einer Großstadt stammenden Akteure zurechtkommen.

Das Münstertal: Heimat alter Klöster und des Schwarzwaldhauses 1902. Hier durfte die TV-Familie Boro leben wie in der Vergangenheit.

Als Schauplatz der Geschichte wurde ein abgeschiedenes Fleckchen Erde im Südschwarzwald gewählt: der Kaltwasserhof im Münstertal. Fernab der nächsten großen Stadt und der nächsten viel befahrenen Verkehrsstraße wurde die Lebensrealität des Jahres 1902 simuliert, inmitten einer Landschaft, die noch nicht von Gewerbearealen und Neubaugebieten zersiedelt ist.

Viele Fernsehzuschauer haben damals vom „Münstertal“ zum ersten Mal gehört. Noch heute kommen Gäste, um sich den Kaltwasserhof anzuschauen und sich von den Dreharbeiten erzählen zu lassen. Das Haus ist in Privatbesitz, doch es kann besichtigt werden. Ein Stück alter Schwarzwald, nach dem sich viele Menschen sehnen, die einen Ausflug in diese alte Kulturlandschaft machen.

Das Münstertal ist bis heute ein landschaftliches Juwel. Nach Staufen im Breisgau beginnt es ruhiger zu werden, weichen

St. Trudpert im Münstertal ist das älteste noch bewohnte Kloster im Schwarzwald.

die dicht bebauten Talflächen saftig grünen Wiesen, über denen alte Bergbauernhöfe stehen. Der Zug fährt bis nach Untermünstertal, dem Hauptort der Gemeinde. Was danach folgt, sind kleine Weiler, Streusiedlungen, die ihre bäuerliche Struktur erhalten haben. Wenige Hundert Einwohner gibt es sowie eine Vielzahl von Kühen, die gemütlich auf der Weide grasen dürfen.

Die Pioniere der Besiedlung im Münstertal waren die Mönche. Schon im 9. Jahrhundert kamen die Benediktiner dorthin, um zu beten und zu arbeiten. Sie benannten ihr Kloster nach einem irischen Missionar, der um 650 im Breisgau gewirkt hatte: dem heiligen Trudpert.

St. Trudpert ist das älteste noch bewohnte Kloster im Schwarzwald und das markanteste Gebäude im Münstertal. Ein über 1000 Jahre altes Monument des Glaubens mit Zwiebelturm und Kuppel. Eingerahmt von dunklen Nadelbäumen steht es auf halber Höhe am Hang, umgeben von grünen Wiesen, auf denen die Kühe der Klosterlandwirtschaft grasen. Immer wieder halten Wanderer hier inne, nehmen fasziniert Kamera oder Smartphone in die Hand, um das pittoreske Ensemble festzuhalten.

St. Trudpert ist heute kein Benediktinerkloster mehr. Nachdem es die Reformation überstanden hatte und 1716 sogar ein prächtiger Barockneubau eingeweiht werden konnte, war 1806 Schluss. Mit der Säkularisation und dem Wechsel der Landesherrschaft von Vorderösterreich nach Baden mussten die Mönche das Münstertal verlassen.

Rund 100 Jahre lang war das geistliche Leben aus den Klostermauern verschwunden. Aus der Abtei wurde ein Schloss, das der Geheime Rat Freiherr Konrad von Andlaw für seine Zwecke nutzte. Doch dann, kurz nach dem Ersten Weltkrieg, kam die Wende. Die deutschen Schwestern vom Heiligen Josef zu St. Marc mussten das jetzt wieder französische Elsass verlassen. Auf der Suche nach einer neuen Niederlassung stießen sie auf das alte Kloster im Münstertal. Der Freiherr, der noch darin wohnte, war in finanzielle Schwierigkeiten geraten und bereit, zu verkaufen. So wurde St. Trudpert im Frühsommer 1920 wieder ein Kloster, mit einer Schwesternschaft, die sowohl kontemplativ als auch karitativ ausgerichtet war.

Jeden Abend um 18 Uhr kommen die Ordensfrauen in der Unterkirche zusammen. Versammeln sich vor einer goldenen Monstranz und beten ihren Rosenkranz: „Heilige Maria, Mutter Gottes, du bist gebenedeit unter den Frauen, gebenedeit ist die Frucht deines Leibes.“ Über 40 Frauen in weißer, schwarzer und grauer Tracht. Ein Anblick wie aus einer anderen Zeit und einer anderen Welt.

Täglich treffen sich die Ordensschwestern zum Gebet. Gäste sind willkommen.

Die Klosterkirche von einst ist heute die Gemeindekirche. Die Schwestern haben eine eigene Kirche und mehrere Gästehäuser.

Gäste sind zu den Gottesdiensten und den Gebetsstunden willkommen. Nicht wenige vermuten, dass die Schwestern sich dazu in der großen Klosterkirche versammeln. Doch das Gebäude mit der Zwiebel auf dem Dach ist das alte Gotteshaus der Benediktiner und wird heute von der katholischen Pfarrgemeinde genutzt.

Wer zu den Ordensschwestern will, muss an der Pforte klingeln. Von dort wird man zu deren Gottesdiensträumen inmitten der Konventgebäude geleitet: eine kleinere Kirche im Untergeschoss und eine große mit Kuppeldach oben. Erst

1965, nach zahlreichen Bauverzögerungen, wurde die Kuppelkirche fertig. Die ersten Schwestern hatten noch im Salon der Barone Gottesdienst feiern müssen.

Die Frau, die sich um alle Belange des Klosters kümmern muss, ist Schwester Teresa Litterst. Seit 2017 ist sie die Provinzoberin der Schwestern vom Heiligen Josef. Eine bodenständige Badnerin, die jahrelang Grund- und Hauptschullehrerin im Münstertal war. Der Orden ist sowohl in der Krankenpflege als auch in der Erziehungsarbeit tätig und unterhielt zu Spitzenzeiten fast 80 Niederlassungen im Land. „Bis in die Siebzigerjahre gab es keine Sozialstationen", sagt Teresa Litterst, „das haben alles die Schwestern gemacht."

Über rund 30 Neueintritte pro Jahr konnten sich die Schwestern zwischen 1930 und 1940 freuen, so viele, dass sie eine neue Küche und zusätzliche Konventbauten errichten lassen mussten.

Knapp 500 Ordensfrauen zählte St. Trudpert damals, doch nach dem Zweiten Weltkrieg wurden es jedes Jahr weniger. Heute gehören der deutschen Provinz rund 120 Schwestern an, 70 von ihnen leben im Münstertal. Es wären schon weit weniger, hätte es nicht eine Neugründung in Asien gegeben, sodass heute etwa 40 Schwestern indischer Herkunft sind.

Neubau von 1965: die heutige Klosterkirche mit der großen Kuppel.

Ruhe strahlt hier alles aus: die langen Gänge des Konventbaus ebenso wie der große Garten, in dem viel Platz für Gästeaktivitäten ist.

„Die letzte Novizin ist vor sechs Jahren eingetreten", sagt Schwester Teresa mit leicht sorgenvoller Miene. Erst jetzt hat sie wieder eine der Außenstationen schließen müssen. Nur noch etwa 20 der Schwestern gehen einer beruflichen Tätigkeit außerhalb des Klosters nach, was letztlich auch finanzielle Auswirkungen hat. „Wir bekommen keine Kirchensteuern", sagt Teresa Litterst, „sondern müssen auf eigene Rechnung wirtschaften."

So öffnet sich auch St. Trudpert mehr und mehr der Außenwelt. Ein schwieriger Balanceakt zwischen klösterlicher Abgeschiedenheit und Gastfreundschaft. Es gibt zwar Kloster-

führungen, aber nur auf Anfrage für Gruppen. Auch einen Klosterladen sucht man in St. Trudpert vergebens, ebenso wie ein großes eigenes Veranstaltungsprogramm.

Wer in das Kloster im Münstertal kommt, bringt sein Programm zumeist mit. Oder verbringt dort ein paar Tage einfach so: Abschalten, ruhig werden, den Alltag hinter sich lassen, dazu ist St. Trudpert ideal geeignet. Es gibt einen großen Garten und ausgedehnte Wanderwege rund ums Haus. Immer mal wieder kann man dort auch einer Schwester begegnen, mit ihr ein paar freundliche Worte wechseln und über Gott und die Welt philosophieren.

Besonders schön ist der Weg vom Kloster Richtung Bühl im hinteren Teil des Münstertals. Man spaziert auf halber Höhe durch die grünen Wiesen und kommt irgendwann beim Gast-

SCHWESTER TERESA: **MEIN TIPP FÜR EINE AUSZEIT**

„Ein Kraftort des Glaubens"

Teresa Litterst ist die Provinzoberin der Schwestern vom Heiligen Josef im Münstertal. Seit 20 Jahren tut sie im Kloster St. Trudpert Dienst.

In unserem Kloster wird seit über 1000 Jahren gebetet. Es ist ein Kraftort des Glaubens und der christlichen Geborgenheit. Das spüren wir Schwestern und das spüren auch unsere Gäste. Wer hierher kommt, kann Ruhe finden, in einer wundervollen Landschaft und einem Tal, das noch immer sehr abgeschieden ist. Wir haben eine eigene Landwirtschaft, Rinder, Schweine und Hühner, alles, was ein Kloster braucht, um sich selbst versorgen zu können.

Zu unseren Gottesdiensten und Gebetsstunden sind Gäste immer willkommen, ganz gleich, ob sie bei uns im Hause übernachten oder nicht. Einfach an der Pforte klingen, dann wird aufgetan. Wir haben einen großen Garten, in dem die Hausgäste verweilen können, und viele schöne Wanderwege, die durchs weite Tal führen. Unser Schutzpatron ist der heilige Josef, der sein Leben genauso bedingungslos in den Dienst Gottes gestellt hat, wie wir das zu tun versuchen.

Durchs Münstertal führt auch ein gemütlicher Talweg.

haus Sonne heraus. Die Sonne ist ein Landgasthof wie aus dem Bilderbuch, seit Generationen in Familienhand und mit bodenständiger Schwarzwälder Küche: Es gibt paniertes Kotelett und badisches Ochsenfleisch.

Ab und an kann man dort auch einen katholischen Priester treffen, der ein Glas Wein trinkt. Pfarrer machen gerne Urlaub

EXTRATIPP

DER TEUFEL IN STAUFEN

Johann Wolfgang von Goethe hat den Faust bekannt und zu einem Stück Weltliteratur gemacht. Hinter der fiktiven Persönlichkeit steckt jedoch ein reales Vorbild: Johann Georg Faust (1480–1541), ein Wahrsager, Wunderheiler und Alchemist, verbrachte die letzten Tage seines aufregenden Lebens in Staufen im Breisgau. 1541 soll er sich bei einem Experiment im Hotel Löwen unfreiwillig eigenhändig in die Luft gesprengt haben. Gold wollte er herstellen, was aber ganz offensichtlich nicht gelang.

Das ist der Stoff, aus dem die Anekdoten sind: Seit über zehn Jahren führt ein Schauspieler durch die Straßen der Stadt und mimt den kauzigen Dr. Faust. Das Besondere dieser Kostümführung ist, dass der Darsteller sich dabei immer wieder in den teuflischen Mephisto verwandelt und wie von der Tarantel gestochen in der Gegend herumgestikuliert. Ein Spaß für alle Besucher. Die Tour endet natürlich im Hotel Löwen, ohne dass dabei wirklich jemand zu Schaden kommt: www.outdoortheater.de

Landgasthof mit Tradition und guter Küche: die „Sonne". Unweit davon ist ein Kneipp-Tretbecken.

in den Gästehäusern des Klosters, helfen manchmal bei den Gottesdiensten mit und genießen die andächtige Umgebung. Ein Priester aus der Schweiz kommt schon seit fast 60 Jahren hierher und kennt die Wirtsleute in der Sonne ebenso gut wie die Schwestern von St. Trudpert.

Später wird er auf der anderen Talseite den Rückweg antreten. Am Flüsschen Neumagen entlang verläuft ein wunderbarer Pfad, den man nach Belieben ausdehnen kann. Das Münstertal ist überhaupt ein Paradies für Wanderer. Es gibt ebene und steile Strecken, anspruchsvolle und leichte Passagen.

Je weiter man ins Tal vordringt, desto höher wird es. Die Gemeindefläche weist Höhenunterschiede von über 1000 Metern auf. So kann es passieren, dass man in milden Wintern bei frühlingshaften Temperaturen im Tal losgeht und weiter oben in einer Winterlandschaft ankommt.

Etwa drei Stunden sind es vom Talende in Spielweg zum Schauinsland, dem knapp 1300 Meter hohen Hausberg, der sich in östlicher Richtung anschließt. Eine malerische Strecke durch Wald und Bergwiesen. Oben wird man mit groß-

Summm, summ, summ: In Spielweg ist den Bienen ein ganzes Museum gewidmet.

artigen Aussichten belohnt. Allerdings muss man den gleichen Weg wieder zurückgehen, weil zwischen dem Schauinsland und dem Münstertal keine Busverbindung besteht.

Dafür hält der Bus im Münstertal an jeder Milchkanne. Oder an jedem Bienenkorb: In Spielweg gibt es sogar ein Museum zum Thema Honig und Bienen, mit einem eigenen Museumsvölkchen, das in der warmen Jahreszeit täglich ausschwärmt und Blüten bestäubt. Honig war auch der TV-Familie Boro vom Kaltwasserhof erlaubt, aber nur, wenn sie ihn selbst geerntet und geschleudert hatten. Es war eine harte Zeit für die fünf Berlinerinnen und Berliner im Münstertal, die ihnen wohl ein Leben lang unvergesslich bleiben wird.

INFORMATIONEN

ANFAHRT

Es gibt eine Bahnverbindung nach Untermünstertal (Bahnhof Münstertal). Das Talende ist mit Bussen angebunden. Für viele Ausflüge in die Seitentäler ist man aber aufs Auto angewiesen.

WANDERN

Im Münstertal sind viele schöne Rundwanderungen möglich: zum Beispiel vom Kloster zum Bühl (oder zum Gasthof Sonne) und über den Talweg wieder zurück. Eine schöne Tagestour führt von Spielweg zum Schauinsland und wieder zurück (600 Höhenmeter).

KLOSTERFÜHRUNG

Klosterführungen in St. Trudpert werden nur für Gruppen angeboten: Telefon 07636-78020.

GOTTESDIENSTE ST. TRUDPERT

Die täglichen Gottesdienste und Gebetsstunden im Kloster stehen auch Besuchern offen. Wer teilnehmen will, muss an der Pforte klingeln. Die genauen Zeiten sind auf der Internetseite angegeben: www.kloster-st-trudpert.de

KALTWASSERHOF

Der Drehort des TV-Vierteilers „Schwarzwaldhaus 1902" kann am Samstag und Sonntag sowie auf Anfrage besichtigt werden: www.schwarzwaldhaus-muenstertal.de

BIENENMUSEUM

Das Bienenkundemuseum im Ortsteil Spielweg in Obermünstertal ist eine sehenswerte Rarität. Geöffnet Mittwoch, Samstag, Sonntag und an Feiertagen: www.bienenkundemuseum.de

EINKEHREN

Gasthaus Sonne (Krumlinden): Bodenständiger, familiengeführter Landgasthof in Obermünstertal mit exzellenter Qualität. Man kann hier auch übernachten: www.sonne-muenstertal.de

Romantik-Hotel Spielweg: Gehobene Gastronomie und Hotellerie in Obermünstertal mit vielen illustren und prominenten Gästen, aber auch bodenständigen Gerichten, Spezialität Wild: www.spielweg.com

ÜBERNACHTEN

Kloster St. Trudpert: Es gibt zwei Gästehäuser (St. Josef und St. Agnes) mit Angeboten für Gruppen und Einzelgäste. Man kann auch Exerzitien buchen: Telefon 07636-7802106, www.kloster-st-trudpert.de

ALLGEMEINE AUSKUNFT

Touristinformation Münstertal, Wasen 47, 79244 Münstertal, Telefon 07636-70740, www.muenstertal-staufen.de

ST. BLASIEN

Geißlers geistliche Heimat

Zeitlebens blieb Heiner Geißler dem Jesuitenkolleg in St. Blasien eng verbunden. Sein Andenken ist dort noch sehr lebendig, inmitten eines Südschwarzwälder Kurortes, der vor allem durch seinen Kuppeldom bekannt wurde.

Immer wieder rieben sich die Menschen die Augen, wenn sie nach St. Blasien kamen. Wunderten sich über ein großes Gebäude, das so gar nicht zu dieser bescheiden ländlichen Umgebung passen wollte. Die Reiseliteratur des späten 18. und frühen 19. Jahrhunderts ist jedenfalls voll von Eintragungen, die den Dom mit einem Feenschloss vergleichen oder mit einem Monument, das man „in dieser Einöde“ so nun wirklich nicht erwartet hätte.

St. Blasien und sein mächtiger Dom: Die Kuppel ist die viertgrößte in Europa.

Fürstabt Martin II. Gerbert hat ihn 1781 errichten lassen. Eine letzte Großtat der Benediktiner, die es der Welt noch einmal zeigen wollten. Nur 25 Jahre später wird die Säkularisation sie hinwegfegen. Knapp 1000 Jahre Klostergeschichte gehen zu Ende, mit einer Hinterlassenschaft, die Dimensionen sprengt: Der Dom von St. Blasien ist der viertgrößte Kuppelbau Europas, nur das Pantheon, der Petersdom und der Dom zu Florenz sind größer.

36 Meter beträgt der Durchmesser, in der schneeweißen Klassizismus-Rotunde finden 500 Menschen Platz. Der Dom ist bekannt für seine wunderbaren Orgelkonzerte, für seine gewaltige Akustik. Ein Gottesdienstraum für die Gemeinde und immer wieder auch für die Schülerinnen und Schüler des benachbarten Jesuitenkollegs.

Das Kolleg ist eben jenes Internatsgymnasium, das von 1946 bis 1949 auch Heiner Geißler besuchte. Tiefgläubig war der 16-Jährige, stockkatholisch und von dem Willen beseelt, Priester zu werden. Am Ende seiner Schulzeit trat er in den Jesuitenorden ein, dem er als Novize bis 1953 angehörte. Dann jedoch besann er sich anders, studierte Philosophie und wurde CDU-Politiker.

Den Jesuiten in St. Blasien blieb Heiner Geißler ein Leben lang verbunden. Regelmäßig kam er zu Vorträgen, war Mitglied des Fördervereins, pflegte bis zu seinem Tode 2017 einen innigen Kontakt zur Schulleitung. Bei den Jesuiten habe er das Denken gelernt und ein Bewusstsein für die soziale Dimension des Christentums bekommen, wird er später immer wieder sagen. Gescheitert ist er letztlich an den Gelübden: Armut, Keuschheit und Gehorsam. „Mit dem ersten hätte es vielleicht noch geklappt", sagt Pater Klaus Mertes mit einem Lächeln, „aber vor allem der Gehorsam war für ihn ein Problem." Klaus Mertes ist seit 2009 Kollegdirektor, ein Jesuit an der Spitze, das hat auch im 21. Jahrhundert Bestand.

Zu Geißlers Zeiten kamen noch sämtliche Lehrkräfte aus dem Kreis der Patres. Die Schüler waren ausnahmslos männlich und überwiegend katholisch. Eine geschlossene Gesellschaft, die kaum Kontakt mit der Außenwelt hatte. Geißler gehörte 1949 zum ersten Abiturjahrgang nach dem Zweiten Weltkrieg. „Ein raubauziger Typ, aber immer aufrichtig und gerade heraus", erinnerte sich sein Schulkamerad Franz Sautter. Sautter, selbst CDU-Politiker und 2019 verstorben, blieb lebenslang mit Geißler verbunden, an die gemeinsame Zeit in St. Blasien dachten beide stets mit Freude zurück.

Die Erinnerung an Heiner Geißler ist im Jesuitengymnasium von St. Blasien sehr lebendig.

Das Bild von Heiner Geißlers Abiturklasse hängt noch heute an der Wand im Jesuitenkolleg. Er kam immer wieder vorbei und warf schmunzelnd einen Blick darauf. Die Fotos sind inzwischen bunter geworden und das Spektrum der Schüler

ebenfalls: Seit Mitte der Sechzigerjahre werden auch Mädchen zugelassen sowie externe Absolventen, die nicht mehr im Internat wohnen.

Jungen und Mädchen lernen hinter Klostermauern.

Heiner Geißler ist nicht der einzige prominente Jesuitenschüler aus St. Blasien. Der Trigema-Chef Wolfgang Grupp war hier, ZDF-Chefredakteur Nikolaus Brender und der ehemalige Leiter der Internatsschule Salem, Bernhard Bueb. Auch der bekannte Schriftsteller Ferdinand von Schirach gehörte zu den Kollegschülern, erst kürzlich kam er nach St. Blasien und ließ sich dort von den Gymnasiasten interviewen.

In St. Blasien kreuzten sich viele Lebenswege und nach dem Zweiten Weltkrieg immer mal wieder auch die der Nachfahren von NS-Tätern und -Opfern: Familienmitglieder der zu Stauffenbergs gingen hier ebenso zur Schule wie Kinder der von Ribbentrops (Joachim von Ribbentrop, Hitlers Außenminister) oder der von Schirachs (Baldur von Schirach, Reichsjugendführer). „Ein zufälliges Zusammentreffen“, sagt Schulleiter Klaus Mertes, das mitunter auch der Tatsache geschuldet ist, dass bis heute das Gros der Schülerinnen und Schüler aus

Der ehemalige Schüler Ferdinand von Schirach wird von heutigen Schülern interviewt.

Für den profanen und den festlichen Gebrauch: Gemächer und Säle im alten Kloster.

der gesellschaftlichen Oberschicht kommt. Rund 2000 Euro pro Monat sind ein Betrag, den sich nur wenige leisten können. Deswegen gibt es auch einen Sozialfonds, der dafür sorgen soll, dass auch Einkommensschwächere Zugang zum Kolleg haben.

Das Jesuitenkolleg ist in den Räumen des ehemaligen Benediktinerklosters untergebracht. Die Räumlichkeiten sind riesig, mit einer barocken Pracht, die im fröhlichen Dialog mit dem modernen Schulalltag steht. So ist die Schulbibliothek unter dem Chor des Doms zu finden und die Krankenstation des Internats diente einst als Wohnung von Kaiserin Maria Theresia. Die kam allerdings nie nach St. Blasien, doch für den Fall der Fälle hatte Fürstabt Martin Gerbert vorgesorgt.

Auch die Brauerei Rothaus ist eine Gründung des Klosters St. Blasien.

Er war überhaupt ein umtriebiger Mensch, stets um das wirtschaftliche Wohl seines kleinen Reiches besorgt und voller Ideen. So gründete er wenige Kilometer entfernt eine Brauerei, die den benachbarten Fürstenbergern Konkurrenz machen sollte: Sie ist heute unter dem Namen „Badische Staats-

PATER KLAUS MERTES: **ERINNERUNGEN AN HEINER GEISSLER**

„Manchmal war es fast rührend“

Pater Klaus Mertes ist Direktor des Jesuitenkollegs in St. Blasien. Den Kontakt zu Heiner Geißler behält er in wertschätzender Erinnerung.

Die Verbindung zwischen Heiner Geißler und dem Kolleg in St. Blasien war erstaunlich stark. Er kam regelmäßig hierher, besuchte den Pfingstgottesdienst im Dom, hielt Vorträge, spendete das Honorar seiner Vorträge und unterstützte unseren Sozialfonds. Manchmal idealisierte er uns fast, es war beinahe rührend. Sein Gesicht strahlte jedenfalls immer, wenn er von seiner Zeit im Kolleg und von den Jesuiten sprach.

Er hat die Dialektik geliebt, den Diskurs, das kontroverse Diskutieren über das Leben und den Glauben. Diese Intellektualität fiel bei ihm auf fruchtbaren Boden, genau wie das soziale Denken, das für ihn und für uns ein wesentlicher Bestandteil war und ist. Ordenspriester ist er dann aber doch nicht geworden, von den drei Gelübden fiel ihm der Gehorsam wohl am allerschwersten. Zwei seiner Mitschüler leben übrigens noch: Sie sind Jesuitenpatres und verbringen ihren Ruhestand hier im Hause: www.kolleg-st-blasien.de

brauerei Rothaus“ bekannt und gehört zu den erfolgreichsten im Lande.

Es waren schwere Zeiten für St. Blasien, als die Mönche gehen mussten und das ehemals habsburgische Land plötzlich badisch war. Erst allmählich berappelte man sich und setzte auf den Kurbetrieb. 1882 wurde die erste Lungenfachklinik gegründet, heute besitzt die Stadt das Prädikat „Heilklimatischer Kurort“. Viele Rheuma-Patienten sind hier, Allergie- und Bronchial-Kranke.

Das Flüsschen Alb trennt Kloster und Kolleg von der Kurpromenade. Das markanteste Gebäude dieser Kurmeile ist das Eckhaus der Schmidt-Arkaden, ein im Schweizer-Chalet-Stil

St. Blasien ist heute eine Kurstadt. Die Alb fließt mitten durch sie hindurch.

erbautes Holzhaus aus dem Jahre 1905. Ein paar Häuser weiter empfängt das Traditionscafé Ell seine Gäste, eine der renommiertesten und besten Konditoreien im Schwarzwald.

Die Parkanlagen sind ein wunderbarer Ort zum Flanieren. Auf der Grünfläche vor dem Hotel Klosterhof liegt ein Kunstwerk auf dem Rasen: der wuchtige Betonkopf des heiligen Blasius, der dem Ort und dem Kloster seinen Namen gab. Um 316 wurde der Märtyrer hingerichtet, sein mit Bischofsmütze bekröntes Haupt soll ein Mahnmal für Frieden und Toleranz sein.

Noch immer umgibt dichter Wald die Domstadt St. Blasien. Wer sich vom Parkplatz Felseneck zum Philosophenweg aufmacht, flaniert zwischen Tannen und Fichten hindurch. Irgendwo in der Mitte der Strecke liegt einem der Dom zu Füßen, ein herrlicher Aussichtspunkt auf die Stadt.

Symbolisch geköpft: Der heilige Blasius. Der Ort ist voller Geschichte und guter Cafés für die Gäste.

Von dort ist es nicht mehr weit zu einem weiteren Juwel der Waldlandschaft um St. Blasien: den Windbergwasserfällen.

Vom Philosophenweg geht es über den Albsteig in Richtung Obere Windbergschlucht, vorbei an mächtigen Felsen und steilen Berghängen. Dann hört man auch schon den Wasserfall plätschern: In mehreren Kaskaden stürzt der Bach in die Tiefe, windet sich um Felsen und mit Moos bewachsene Bäume, die in seinem Weg liegen.

Der Windbergbach wird in seinem abenteuerlichen Verlauf begleitet von einem Wanderweg. Ein steiler Steig, ein naturnaher Pfad wie aus dem Bilderbuch, der mit gutem Schuhwerk freilich gut zu machen ist. Der Weg entlang der Windbergfälle ist Teil des Südschwarzwälder Schluchtensteigs, der in seinem weiteren Verlauf auch durch die Wutachschlucht führt.

Der Weg zu den Windbergwasserfällen ist ein Erlebnis. Der Blick von oben auf die Stadt auch.

Der Pfad entlang des Windbergbachs geht bald zu Ende, kommt nach wenigen Kilometern wieder dort heraus, wo man seine Tour begonnen hat: am Parkplatz Felseneck in St. Blasien. Schwer zu sagen, ob sich auch der junge Heiner Geißler und sein Schulfreund Franz Sautter hier vergnügten. Zuzutrauen wäre es dem Naturburschen und passionierten Sportler Geißler allemal.

Dem Glauben blieb dieser letztlich genauso verbunden wie dem Jesuitenkolleg in St. Blasien. Als kritischer Geist und wohlwollender Begleiter. „Er hat alle Veränderungen hier stets mit großem Interesse verfolgt und auch gutgeheißen", sagt Pater Mertes. Selbst als es um die Aufarbeitung von Missbrauchsfällen in der Vergangenheit geht, steht Geißler den Jesuiten bei, will Klarheit, aber auch einen fairen Umgang mit denen, die ihn geprägt haben. Pater Klaus Mertes bewundert er für seine offene Haltung in der Sache: Der Kollegdirektor gehörte zu den ersten, die das Thema in der Öffentlichkeit deutlich ansprachen.

EXTRATIPP

FALLERS KONFITÜRENWELT

Marmelade kann man nicht nur essen, sondern auch erleben: In der Konfitürenwelt von Faller in Utzenfeld im Wiesental gibt es Führungen, Kaffee und hausgemachten Kuchen sowie 50 verschiedene Sorten Brotaufstrich. Viele Regalmeter sind mit den fruchtigen Köstlichkeiten gefüllt, gängige und außergewöhnliche, Standardprodukte und saisonale Angebote. 2007 ist die bekannte Traditionsfirma aus dem Wiesental im Südschwarzwald von Schönau ins benachbarte Utzenfeld umgezogen.

2013 wurde noch einmal kräftig erweitert und dabei auch an die Besucher gedacht: Die hatten immer wieder gefragt, ob man die Marmelade auch bei der Firma erwerben könne – und mussten unverrichteter Dinge wieder abziehen. Das hat sich seit der Eröffnung der Konfitürenwelt gründlich geändert: Sämtliche Sorten aus der Faller-Marmeladenproduktion sind dort nun verfügbar, in einem Laden, der auch zahlreiche andere Produkte für den Frühstückstisch bereithält: Dazu gehören Honigsorten von Partnerbetrieben, Müslis und allerlei kleinere Geschenkartikel: www.fallerkonfitueren.de

Immer wieder haben die Jesuiten schwere Zeiten erlebt, auch in St. Blasien. Als sie 1934 aus Österreich in den Schwarzwald kamen, geschah das auch deshalb, weil die Nazis sie dazu zwangen. Schon 1939 wurde ihr Kolleg wieder geschlossen, 1946 dann wiedereröffnet. So kehrte im 20. Jahrhundert dauerhaft geistliches Leben in die Klostermauern von St. Blasien zurück. Das hätte wahrscheinlich auch Fürstabt Martin Gerbert gefallen. Sein Dom ist noch heute eine Pracht und sein Rothaus-Bier ein Verkaufsschlager.

Glaubt man dem Volksmund, wurde es übrigens auch erfunden, weil man den Schwarzwäldern das Schnapstrinken abgewöhnen wollte. Das ist zum Glück für alle Freunde der Schwarzwälder Kirschtorte und einiger edler Obstbrände dann doch nicht ganz gelungen.

Waldhaus ist die zweite bekannte Brauerei im Südschwarzwald. Auch sie betreibt einen eigenen Gasthof.

INFORMATIONEN

ANFAHRT

St. Blasien hat keinen Bahnanschluss. Wer mit dem ÖPNV anreist, muss vom nächsten Bahnhof in Seebrugg den Bus nehmen. Autofahrer kommen über die B 500 und den Schluchsee.

WANDERN

Die kleine Wanderung zu den Windbergwasserfällen beginnt man am besten am Parkplatz Felseneck in St. Blasien (Bötztalstraße). Ein Schlenker über den Philosophenweg ist sinnvoll, der Weg am Bach entlang erfordert gutes Schuhwerk. Wer länger wandern will, kann den Albsteig oder den Schluchtensteig machen. Die Tourismusorganisation Hochschwarzwald hat dazu eine Broschüre mit 19 Wandertipps (Top-Touren) herausgegeben: www.hochschwarzwald.de

DOM ST. BLASIEN

Der Dom ist täglich geöffnet, Eintritt frei. Gottesdienste finden sonntags um 10 und 11.15 Uhr statt, samstags um 19 Uhr. Der Dom ist auch für seine Orgel- und internationalen Chorkonzerte bekannt: www.dom-st-blasien.de

FÜHRUNGEN

Domführungen finden immer am Mittwoch und Freitag um 15 Uhr statt, eine Stadtführung jeden Montag um 14 Uhr. Klosterführungen werden einmal im Monat dienstags um 10.15 Uhr angeboten. Näheres bei der Touristinformation.

EINKEHREN

Café Ell in St. Blasien: Traditionscafé mit exzellenten Backwaren und Kuchenspezialitäten, direkt an der Kurpromenade gelegen: www.cafe-ell.de

BRAUEREI ROTHAUS

In der etwa 14 Kilometer von St. Blasien entfernten Brauerei Rothaus werden täglich Brauereiführungen angeboten. Es gibt dort einen Tannenzäpfle-Erlebnisweg. Im Brauereigasthof kann man auch essen und übernachten: www.rothaus.de

Brauerei-Gasthof Waldhaus: Die zweite bekannte Biermarke im Südschwarzwald betreibt einen Brauereigasthof an der B 500 (Gemeinde Weilheim). Deftige Speisen, gutes Bier: www.gasthofwaldhaus.de

ÜBERNACHTEN

Klosterhof Hotel St. Blasien: Historisches Haus inmitten der Altstadt und direkt gegenüber dem Kloster. Die Küche ist italienisch ausgerichtet: www.anema-e-core.de

Landgasthof Bergblick Bernau-Dorf: Schwarzwälder Berggasthof mit Tradition, Ausblick und Komfort. Auch die Küche ist vorzüglich: www.bergblick-bernau.de

ALLGEMEINE AUSKUNFT

Touristinformation St. Blasien,
Am Kurgarten 1, 79837 St. Blasien,
Telefon 07652-12060,
www.hochschwarzwald.de

ZUR VERKÜNDIGUNG
DES EVANGELIUMS
VON JESUS CHRISTUS
UND ZUM ANDENKEN AN
DR. BALTHASAR HUBMAIER,
DEN THEOLOGEN
UND MÄRTYRER DER TÄUFER,
VERBRANNT 1528 IN WIEN, WURDE
DIESE KAPELLE IM JAHRE 1953
ERBAUT MIT UNTERSTÜTZUNG
VON BAPTISTEN AUS

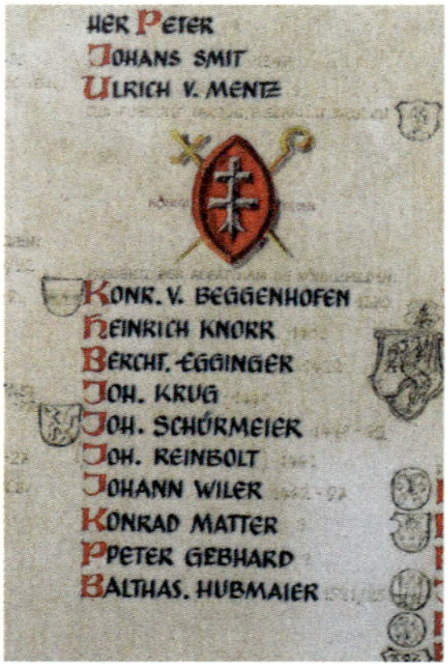
HER PETER
JOHANS SMIT
ULRICH V. MENTZ
KONR. V. BEGGENHOFEN
HEINRICH KNORR
BERCHT. EGGINGER
JOH. KRUG
JOH. SCHÜRMEIER
JOH. REINBOLT
JOHANN WILER
KONRAD MATTER
PPETER GEBHARD
BALTHAS. HUBMAIER

WALDSHUT

Das Drama der Täufer

Acht Monate lang war Waldshut am Hochrhein eine radikalreformatorische Täufergemeinde. Die Kirche der Baptisten erinnert heute noch daran, ebenso wie ein paar Wege, die in die benachbarte Schweiz führen.

Der Teufel war los im Frühjahr 1525. So zumindest sahen es die, die von außerhalb verfolgten, was ein gewisser Balthasar Hubmaier in dem Städtchen Waldshut im Südschwarzwald veranstaltete. Als katholischer Priester war er gekommen. Dann hatte er die Seiten gewechselt und war ein Anhänger Martin Luthers geworden. Später wandte er sich dem radikalen Schweizer Reformator Huldrych Zwingli zu.

Waldshut war einst eine Täuferstadt. An den Reformator Balthasar Hubmaier erinnert heute noch die Baptistenkirche, die seinen Namen trägt.

Nun aber ging er noch weiter als Zwingli. Hubmaier lehnte die Kindstaufe ab und ließ sich ein zweites Mal taufen. Die bewusste Glaubenstaufe im Erwachsenenalter, die totale Freiheit von jedweder Bevormundung, das war seine Überzeugung. Rund 300 Bürger und Bürgerinnen in Waldshut folgten ihm, machten die Stadt am Hochrhein zur ersten Täufergemeinde überhaupt.

Doch die Umstände waren nicht günstig. Der Schweizer Zwingli, anfangs durchaus offen für die Gedanken der Täufer, positionierte sich nun unmissverständlich: Wer bereits getaufte Kinder noch einmal taufte, war ein Ketzer. Genauso sah es Luther. Damit standen Hubmaier und die Waldshuter isoliert im Lager der Reformation. Und an den Toren der Stadt warteten bereits die katholischen Habsburger.

Als sie sich im Dezember 1525 anschickten, Waldshut zu erobern, floh Balthasar Hubmaier. Über Zürich gelangte er nach Mähren und wurde 1528 schließlich in Wien verbrannt. Seine Frau ertränkte man in der Donau. Mit der Todesstrafe war nun jeder bedroht, der sich weigerte, sein Kind taufen zu lassen.

Jahrhundertelang war Balthasar Hubmaier vergessen in Waldshut. Taugte höchstens als Hassfigur auf manchen Folkloreumzügen. Er hatte der Stadt schweren Schaden zugefügt, denn im Anschluss an die radikalreformatorische Epoche verlor sie sämtliche Privilegien. Die Zeit von Balthasar Hubmaier war ein dunkles Kapitel in der Stadtgeschichte, da waren sich die meisten katholischen Waldshuter und Waldshuterinnen einig.

Doch dann geschah 1953 etwas, womit kaum einer gerechnet hätte. Baptisten kamen in die Stadt. Glaubensflüchtlinge aus dem Osten, die für sich eine Kirche suchten. Baptisten sind Erwachsenentäufer wie Balthasar Hubmaier. Was also lag näher, als das neue Gotteshaus nach dem zu benennen, der in eben jenem Ort damit Geschichte geschrieben hatte?

Der Bürgermeister war empört. „Nur über meine Leiche wird es in meiner Stadt eine Kirche geben, die den Namen Balthasar Hubmaiers trägt“, soll er gesagt haben. Doch die Alliierten unterstützten die Baptisten, versuchten, den Deutschen nach dem Ende der Nazi-Zeit auch religiöse Toleranz beizubringen. Schließlich stimmte der Stadtrat mit knapper Mehrheit zu, die Stimme der Kommunistischen Partei hatte den Ausschlag gegeben.

Der baptistische Pastor Siegfried Rosemann hat sich intensiv mit der Geschichte des Kirchenbaus und seinem Namenspatron Balthasar Hubmaier beschäftigt. Vor gut 20 Jahren kam er nach Waldshut und hat in dieser Zeit einen allmählichen Gesinnungswandel erlebt. Die Ökumene funktioniert gut, das Bewusstsein auch auf der katholischen Seite ist da, dass auf allen Seiten Unrecht geschah.

Hubmaier war kein Waisenknabe. „Wir wollen auch seine dunklen Seiten nicht verschweigen“, sagt Rosemann. Zu die-

Gottesdienst bei den Baptisten in Waldshut. Kinder werden gesegnet, Erwachsene getauft.

SIEGFRIED ROSEMANN: **MEINE WAHLHEIMAT AM HOCHRHEIN**

„Ein Geschenk Gottes“

Über 20 Jahre lang war Siegfried Rosemann Pastor der Baptistengemeinde in Waldshut. Auch in seinem Ruhestand bleibt er gerne hier wohnen.

Als Gott mich nach Waldshut geschickt hat, hat er mir ein Riesengeschenk gemacht. Wir kommen ursprünglich aus dem Vogtland und sind hier nun längst heimisch geworden. Am Hochrhein sind der Schwarzwald nah und die Alpen. Natur, Landschaft, Berge und nur wenige Kilometer bis in die Schweiz, eine wunderbare Mischung. In meiner Zeit als Baptistenpastor in Waldshut von 1996 bis 2018 habe ich die Menschen kennengelernt und die Geschichte unserer Kirche.

Sie ist nach Balthasar Hubmaier benannt, dem Reformator und Täufer, der ein Wegbereiter der freikirchlichen Theologie war. Unter den Täufern galt er als Prophet, als kluger Kopf, der scharfsinnig die damalige Praxis der Kindstaufe hinterfragte. Wir Freikirchen stehen in dieser Tradition, als spät gereifte Früchte der Reformation sozusagen. Hubmaier führte die Kindersegnung ein, und auch wir segnen heute die kleinen Kinder. Über die Taufe soll der Mensch entscheiden, wenn er dazu in der Lage ist. Das ist unsere Position und die von Balthasar Hubmaier.

sen dunklen Seiten gehört, dass Balthasar Hubmaier ähnlich wie Luther zeitweise gegen die Juden wetterte, einmal sogar zur Zerstörung ihrer Synagogen aufrief. Doch je älter er wurde, desto mehr wurde aus ihm ein toleranter Freigeist. Er äußerte Verständnis für Andersgläubige und rief dazu auf, ihnen mit Sanftmut zu begegnen statt mit dem Schwert.

Das imponiert Siegfried Rosemann, der ihn als Wegbereiter einer freikirchlichen Theologie sieht: „Er war ein Vorkämpfer der Religions- und Gewissensfreiheit und seiner Zeit weit voraus.“ 2003 haben sie Hubmaiers beim 50. Kirchenjubiläum gedacht und das Gedenken 2017 beim Reformationsjubiläum erneuert. Seither gibt es eine Informationstafel mit seinen wichtigsten Lebensdaten und Grundüberzeugungen.

An diesem Sonntagmorgen werden in der Hubmaier-Kirche zwei Kinder gesegnet. Miriam und Raphael. Ihre Taufe werden sie erst viele Jahre später erleben, falls sie sich selbst dafür entscheiden. Balthasar Hubmaier hätte seine Freude daran gehabt. Eine Gemeinde in Waldshut in der Tradition der Täufer, 500 Jahre nach seinem unrühmlichen Ende.

Die meisten Täufer flohen aus Deutschland. Die Mennoniten, die Amischen, die Hutterer. Das Gros kam über Umwege nach Amerika, wo viele von ihnen heute noch leben.

Rund 25 Kilometer von Waldshut entfernt liegt das Dorf Schleitheim in der Schweiz. Im Museum in der Alten Schule gibt es ein Täuferzimmer, eine der wenigen Ausstellungen über die Glaubensbewegung, die in der Schweiz zahlreiche Anhänger hatte.

Am 24. Februar 1527 fand in Schleitheim eine geheime Täufersynode statt. Aus ihr gingen die Schleitheimer Artikel hervor, eine Bekenntnisschrift, die die wichtigsten Grundüberzeugungen zusammenfasste. Es war ein Coup, als Willi Bächtold 2001 einen der Erstdrucke aus dem Jahr 1550 ersteigern konnte. Ein zufälliger Fund in einem Auktionskatalog. „Ich habe gedacht, ich sehe nicht richtig“, sagt der langjährige Präsident des Vereins für Heimatkunde. Für umgerechnet 7000 Euro kann er das Original erwerben, es ist das Schmuckstück der Täuferausstellung in Schleitheim. Sie führt auf die Spuren einer oft verkannten und verfemten Richtung der Reformation, zeigt eine Miniatur-Bibel, die die Täufer an ihren geheimen Zufluchtsorten benutzten, und einen Originaldruck einer Zwingli-Schrift.

In Schleitheim in der Schweiz ist den Täufern eine Ausstellung gewidmet. Alte Bibeln und Glaubensbekenntnisse sind dort zu finden.

Seit dem 15. Jahrhundert wohnt die Familie Bächtold in Schleitheim. Viele Ortsbewohner sympathisierten mit den Täufern, ehe der Kanton Schaffhausen dem Ganzen 1530 ein Ende be-

Die Täufer im Zwielicht und in der Diskussion: Willi Bächtold hat viele Exponate für das Museum in Schleitheim zusammengetragen.

reitete. Zum 500. Reformationsjubiläum 2017 hat eben jener Kanton einen Wanderweg auf den Spuren der Täufer eröffnet. Er verbindet Schleitheim mit anderen Täufergemeinden, erläutert auf Informationstafeln, wo sie sich rund um den Höhenzug Randen im Wald verstecken mussten.

Ob Balthasar Hubmaier ebenfalls an der Täufersynode teilnahm, ist unklar. Er gehörte zu den profiliertesten Denkern seiner Zeit und jener Glaubensrichtung, die lange mit dem Begriff „Wiedertäufer" verunglimpft worden war: Weil sie die, die schon einmal getauft worden waren, ein zweites Mal tauften, galten sie als Gottlose, die ein heiliges Sakrament verletzten. Es war eines der wenigen Sakramente, die auch Luther und Zwingli nicht aufgegeben hatten.

Hubmaier hingegen machte aus seiner Missachtung der Kindstaufe keinen Hehl. Wer heute in Waldshut die Rheinpromenade entlangläuft, spaziert an jenem Gewässer vorbei, in das Hubmaier 1525 die Taufsteine der katholischen Kirche werfen ließ. Täufer tauften ihre Gläubigen lieber draußen in der Natur, an Flüssen, statt neben dem Altar der Kirche.

Hubmaiers altes Gotteshaus steht heute noch in Waldshut. In der katholischen Liebfrauenkirche begann er 1521 als Priester. Ein glühender Verehrer der Jungfrau Maria und der Wallfahrt, der bei Johannes Eck, einem der schärfsten Luther-Gegner, studiert hatte. Später wird Eck Hubmaier zusammen mit Luther und Zwingli verdammen und kein gutes Haar mehr an ihm lassen.

Katholische Kirche von Waldshut: Hier war Balthasar Hubmaier einst Priester. Die Stadt hat ihr historisches Gesicht bewahrt.

Die Liebfrauenkirche wurde vor etwa 200 Jahren frühklassizistisch umgebaut. Der Chor indes ist noch aus jener Zeit, als Balthasar Hubmaier hier war. Von der einstigen Pracht Waldshuts zeugt die Kaiserstraße. Zwischen dem Oberen und Unteren Tor verläuft die Fußgängerzone mit einer Vielzahl ansehnlicher Bürgerhäuser am Rande.

Nicht immer ist das drin, was darauf steht: So betreibt den alten Gasthof zum Wilden Mann heute ein Italiener, und in manch anderer alter Wirtschaft ist heute gar keine Gastrono-

mie mehr zu finden. Dafür gibt es neue Einkehradressen: das Café und Restaurant Metropol zum Beispiel, das am lauschigen Ufer des Senkenbachs mediterrane Menüs und Fischgerichte serviert.

Zeit für eine Einkehr in den alten und neuen Gaststätten von Waldshut.

Die Balthasar-Hubmaier-Kirche der Baptisten ist ein gutes Stück davon entfernt. Vor den Toren der Altstadt lag sie damals, die Bürgerinnen und Bürger von Waldshut wollten sie nicht in ihrer Nähe haben. Inzwischen ist ein Neubaugebiet rund um die Kirche entstanden, die heute ganz selbstverständlich zum Glaubensleben der Stadt gehört.

In Waldshut ist der Rhein ganz nah: Ein paar Hundert Meter unterhalb der Altstadt beginnt die Promenade und manch schöne Schifffahrt.

Ganz selbstverständlich ist heute auch Tiengen ein Bestandteil der Kreisstadt am Hochrhein. 1975 wurden die beiden Städte vereinigt, seither ist es eine Doppelstadt mit dem Autokennzeichen WT. Mit rund 25 000 Einwohnern hat sie eine recht überschaubare Größe.

Wer weiß, welche Entwicklung Waldshut genommen hätte, wenn sich die Täufer dort durchgesetzt hätten. Dann wäre vermutlich Balthasar Hubmaier der wichtigste Sohn der Stadt und eine Vielzahl von Plätzen und Straßen nach ihm benannt. So aber muss derjenige, der sich für ihn interessiert, immer noch mühsam dessen Spuren zusammensuchen.

Nur wenn Beatrice Merone eine Stadtführung macht, wird Balthasar Hubmaier lebendig: Zum Reformationsjubiläum hat sie eine Erlebnistour auf den Spuren des Täufers ausgearbeitet. Unschwer zu erraten, welcher Konfession sie angehört: den

Die andere Seite des Rheinufers gehört bereits zur Schweiz.

Baptisten, ohne die eine der ungewöhnlichsten Glaubensgeschichten des Schwarzwalds womöglich vollends in der Versenkung verschwunden wäre.

EXTRATIPP

DIE SAUSCHWÄNZLEBAHN

Zwischen Stühlingen-Weizen und Blumberg liegt eine der interessantesten und kuriosesten Bahnstrecken des Schwarzwalds: die Wutachtalbahn. Touristen kennen sie hauptsächlich unter dem Namen Sauschwänzlebahn, weil ihre Kurven so gekringelt sind wie das Schwänzchen eines Schweins. Jedenfalls ist es ein Erlebnis, mit dem Dampfzug dort über die Wutachschlucht zu fahren, die Landschaft und die Vielzahl der Viadukte zu genießen.

Die Strecke wurde einst aus militärischen Gründen gebaut, weil man das Schweizer Staatsgebiet umgehen wollte. Noch in den 1980er-Jahren hatte die Nato Millionen investiert, um sie wieder in Schuss zu bringen. Das kommt heute den Besuchern zugute, die in der Saison zu Tausenden in den Dampfzug steigen. Wer will, kann übrigens auch eine Strecke wandern: Der Genießerpfad Sauschwänzle-Weg (12 km) führt entlang der historischen Bahnlinie: www.sauschwaenzlebahn.de

INFORMATIONEN

ANFAHRT
Am Rand der Altstadt gibt es kostenlose bzw. kostengünstige Parkplätze für Autofahrer. Waldshut ist aber auch gut mit der Bahn zu erreichen: www.bahn.de

BAPTISTENKIRCHE
Die Baptistenkirche liegt etwas abseits der Altstadt (Untere Haspelstr. 22). Eine Gedenktafel erinnert dort an Balthasar Hubmaier. Der Gottesdienst findet jeden Sonntag um 10 Uhr statt, Gäste sind willkommen: www.baptisten-waldshut.com

HUBMAIER-FÜHRUNG
Beatrice Merone bietet in Waldshut Schauspielführungen auf den Spuren von Balthasar Hubmaier an („Waldshut probt den Aufstand"). Sie ist Kulturreiseleiterin und selbst Mitglied der baptistischen Gemeinde: www.bea-merone.com

WANDERN
Ein schöner kurzer Wanderweg (3,3 km) führt an der Rheinpromenade in Waldshut entlang. Der Täuferweg im Kanton Schaffhausen verbindet auf etwa 15 Kilometern Schleitheim mit Zegli, Merishausen und Hemmental. Es gibt auch einen Flyer: www.naturpark-schaffhausen.ch/de

RHEINSCHIFFFAHRT
In Waldshut werden regelmäßig Rundfahrten auf dem Hochrhein angeboten. Es gibt einstündige und zweistündige Touren auf dem Fluss: www.stadtwerke-wt.de

MUSEUM SCHLEITHEIM
Das Täuferzimmer im Museum des Schweizer Ortes Schleitheim (Altes Schulhaus, Kirchgasse 8) ist einen Besuch wert, die Ausstellung informativ und professionell. Geöffnet jeden ersten Sonntag im Monat oder auf Anfrage bei Willi Bächtold: Telefon 0041-52-6801347, www.museum-schleitheim.ch

AUSZEIT IM KLOSTER
Im nur wenige Kilometer von Schleitheim entfernten Stühlingen gibt es ein Kapuzinerkloster, das auch Auszeiten für Touristen anbietet: www.kloster-stuehlingen.de

EINKEHREN
Restaurant Metropol Waldshut: Mediterranes Ambiente und entsprechende Speisen direkt am Senkenbach, unweit der Altstadt: www.restaurant-metropol.de

Posthorn in Ühlingen: Uriger Landgasthof, 12 Kilometer nördlich von Waldshut, mit vielen Fleischgerichten in Demeter-Qualität. Man kann dort auch übernachten: www.posthorn-uehlingen.de

ÜBERNACHTEN
Rebstock in Stühlingen: Südschwarzwälder Traditionsgasthof unweit von Schleitheim mit topmodernen Zimmern. Für Hausgäste gibt es auch warme Küche: www.hotel-rebstock.de

ALLGEMEINE AUSKUNFT
Touristinformation Waldshut, Wallstraße 26, 79761 Waldshut-Tiengen, Telefon 07751-833200, www.waldshut-tiengen.de

ANHANG

ALLGEMEINE AUSKUNFT

Schwarzwald Tourismus GmbH
Heinrich-von-Stephan-Str. 8b
79100 Freiburg
Telefon 0761-896460
www.schwarzwald-tourismus.info

Hochschwarzwald Tourismus
Freiburger Str. 1
79856 Hinterzarten
Telefon 07652-12060
www.hochschwarzwald.de

Tourismus GmbH Nördlicher Schwarzwald
Sonnenweg 5
75378 Bad Liebenzell
Telefon 07052-8169770
www.mein-schwarzwald.de

KONUS
Steht für „Kostenlose Nutzung öffentlicher Verkehrsmittel im Schwarzwald". Gemeinden, die bei KONUS Mitglied sind, gewähren ihren Gästen ab der ersten Nacht freie Fahrt mit allen Bussen und Regionalzügen im Schwarzwald. Die Gästekarte ist zugleich die Fahrtkarte. Es lohnt sich also, vorher zu fragen, ob die jeweilige Gemeinde Mitglied von KONUS ist oder nicht:
www.konus-schwarzwald.info

Schmeck den Süden
Initiative des Deutschen Hotel- und Gaststättenverbandes in Baden-Württemberg mit Wirtshäusern, die auf regionale Küche setzen. Es gibt eine gedruckte Broschüre und eine Internetseite:
www.schmeck-den-sueden.de

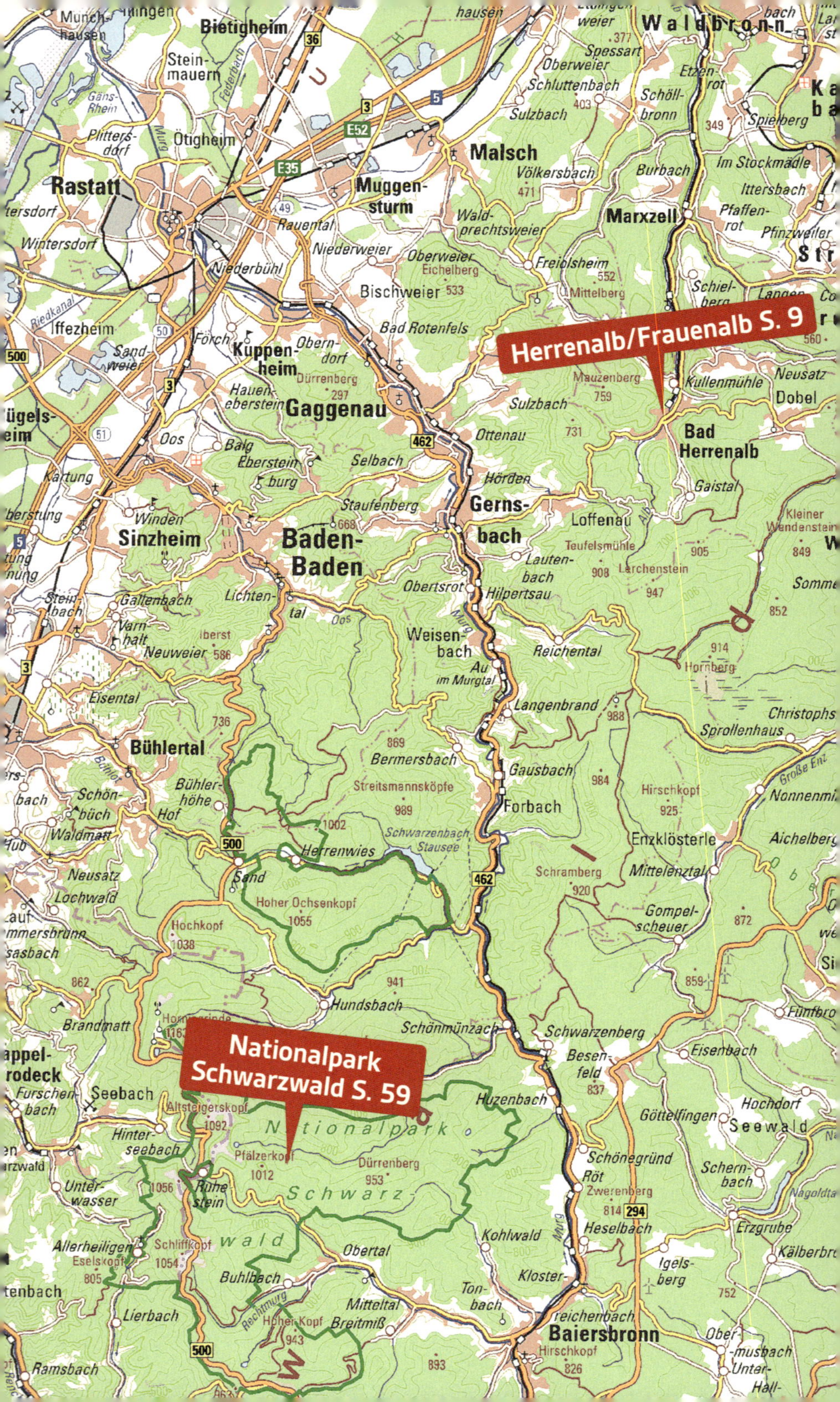
Herrenalb/Frauenalb S. 9
Nationalpark Schwarzwald S. 59
Bietigheim
Rastatt
Malsch
Muggensturm
Marxzell
Waldbronn
Gaggenau
Kuppenheim
Bad Herrenalb
Dobel
Baden-Baden
Sinzheim
Gernsbach
Loffenau
Bühlertal
Forbach
Enzklösterle
Herrenwies
Hoher Ochsenkopf
Hundsbach
Schönmünzach
Seebach
Ruhestein
Schliffkopf
Baiersbronn
Huzenbach
Obertal
Nationalpark
Schwarzwald
Iffezheim
Ötigheim
Bischweier
Bad Rotenfels
Weisenbach
Langenbrand
Gausbach
Schwarzenbach Stausee
Hochkopf
Besenfeld
Seewald
Schönegründ
Röt
Heselbach
Kloster-reichenbach
Mitteltal
Tonbach
Allerheiligen
Lierbach
Ramsbach
Hornisgrinde
Obertsrot
Hilpertsau
Reichental
Bühlerhöhe
Sand
Neusatz
Steinbach
Lichtental
Staufenberg
Ebersteinburg
Selbach
Oos
Winden
Niederbühl
Rauental
Förch
Sulzbach
Freiolsheim
Völkersbach
Gaistal
Kullenmühle
Mittelenztal
Gompelscheuer
Schramberg
Hirschkopf
Bermersbach
Streitsmannsköpfe
Sprollenhaus
Hornberg
Göttelfingen
Hochdorf
Igelsberg
Kohlwald
Buhlbach
Hoher Kopf
Breitmiß
Pfälzerkopf
Dürrenberg
Altsteigerskopf
Hinterseebach
Unterwasser
Eselskopf
Brandmatt
Waldmatt
Schönbüch
Eisental
Neuweier
Varnhalt
Gallenbach
Ottenau
Hörden
Mauzenberg
Teufelsmühle
Lautenbach
Au im Murgtal
Zwerenberg
Schernbach
Erzgrube
Kälberbronn
Nonnenmiss
Aichelberg
Christophs
Kleiner Wendenstein
E35
E52
462
500
294

Hirsau & Liebenzell S. 21
Pforzheim
Niefern-Öschelbronn
Ispringen
Birkenfeld
Neuenbürg
Engelsbrand
Wiernsheim
Wurmberg
Mönsheim
Weissach
Wimsheim
Friolzheim
Tiefenbronn
Heimsheim
Rutesheim
Unterreichenbach
Schömberg
Neuhausen
Weil der Stadt
Magstadt
Calw
Althengstett
Gechingen
Grafenau
Aidlingen
Ehningen
Oberreichenbach
Bad Teinach-Zavelstein
Neubulach
Wildberg
Altensteig
Nagold
Haiterbach
Pfalzgrafenweiler
Waldachtal
Rhein
Pforzheim
8
5
Freudenstadt
B 500
81
Freiburg
Rhein

Alpirsbach S. 71
Kirnbach S. 83
Elzach-Yach S. 107
Schonach S. 95
Freudenstadt
Bad Peterstal-Griesbach
Bad Rippoldsau-Schapbach
Gengenbach
Nordrach
Oberharmersbach
Unterharmersbach
Zell am Harmersbach
Biberach
Steinach
Haslach im Kinzigtal
Hausach
Wolfach
Oberwolfach
Schiltach
Schenkenzell
Gutach (Schwarzwaldbahn)
Hornberg
Schramberg
Lauterbach
Tennenbronn
Königsfeld im Schwarzwald
St. Georgen im Schwarzwald
Schonach im Schwarzwald
Triberg im Schwarzwald
Schönwald im Schwarzwald
Furtwangen im Schwarzwald
Vöhrenbach
Unterkirnach
Elzach
Yach
Winden im Elztal
Simonswald
Gütenbach
Hofstetten
Mühlenbach
Fischerbach
Oberprechtal
Kirnbach

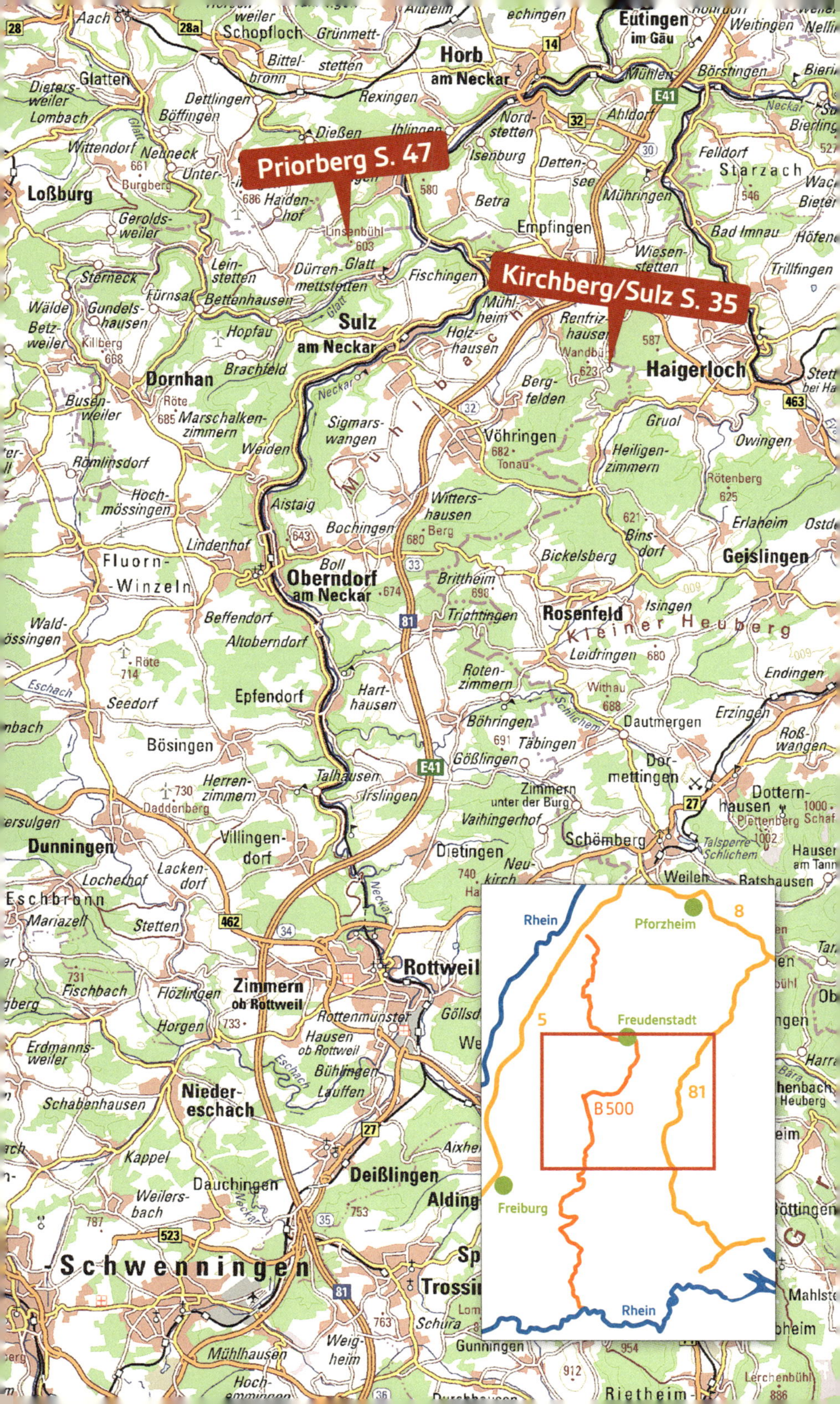

Priorberg S. 47
Kirchberg/Sulz S. 35
Horb am Neckar
Eutingen im Gäu
Loßburg
Sulz am Neckar
Haigerloch
Dornhan
Oberndorf am Neckar
Rosenfeld
Geislingen
Fluorn-Winzeln
Dunningen
Zimmern ob Rottweil
Rottweil
Niedereschach
Deißlingen
Schwenningen
Schömberg
Vöhringen
Empfingen
Starzach
Bad Imnau
Kleiner Heuberg
Mühlbach
Neckar
Eschach
Schlichem
Glatt
Rhein
Pforzheim
Freudenstadt
Freiburg
B 500
5
8
81
E41

Freiburg im Breisgau
Münstertal S. 119
St. Blasien S. 131
Münstertal/ Schwarzwald
Mooswald
Haslach
Waldsee
Eschbach
Lindenberg
St. Märgen
Stegen
Zarten
Wiehre
Littenweiler
Günterstal
Kibfelsen
Kappel
Kirchzarten
Buchenbach
Unteribental
Sankt Georgen
Merzhausen
Au
Ebringen
Wittnau
Biezighofen
Pfaffenweiler
Sölden
Horben
Kohlernkopf
Bollschweil
St. Ulrich
Schauinsland
Hofsgrund
Oberried
Falkensteig
Vorderdorf
Breitnau
Ödenbach
Hohwart
Weißtannenhöhe
Oberhöllsteig
Hinterzarten
Horneck
Hochfahrn
Toter Mann
Sankt Wilhelm
Feldberg
Stübenwasen
Todtnauberg
Vorder-Bärental
Feldberg (Schwarzwald)
Bärhalde
Altglashütten
Elend
Trubelsmattkopf
Untermünstertal
Schindelkopf
Muggenbrunn
Mulden
Rotenbuck
Aftersteg
Brandenberg
Wieden
Herzogenhorn
Belchen
Münsterhalden
Todtnau
Menzenschwand
Schnepfhalde
Schlechtnau
Brenntkopf
Hof
Dorf
Riggenbach
Aitern
Utzenfeld
Geschwend
Innerlehen
Bernau im Schwarzwald
Steppberg
Böllen
Schönenberg
Neuenweg
Schönau im Schwarzwald
Tunau
Präg
Köhlgarten
Kleines Bürchau
Schattlann
Wembach
Hochgescheid
Hochkopf
Farnberg
Ahornkopf
Lehenkopf
Wiesen
Raich
Fröhnd
Unterkastel
Weg
Rütte
Wies
Elbenschwand
Ehrsberg
Vordertodtmoos
Todtmoos
Ibach
Halden
Urberg
Wittenschwand
Langensee
Pfaffenberg
Häg
Tegernau
Adelsberg
Mambach
Atzenbach
Rohrenkopf
Dachsberg (Südschwarzwald)
Gresgen
Riedichen
Zell im Wiesental
Gersbach
Wolpadingen
Wieslet
Enkenstein
Raitbach
Hierbach
Hausen im Wiesental
Weitenau
Langenau
Fahrnau
Kürnberg
Rütte
Herrischried
Strittmatt
Rotzingen
Hornberg
Stehle
Schopfheim
Hasel
Wehra-Stausee
Atdorf
Segeten
Niedergebisbach
Hogschür
Görwihl
Rüttehof
Altenschwand
Maulburg
Eichen
Wehr
Hütten
Hottingen
Rüßwihl
Hohe Flum
Wiechs
Dossenbach
Niederwihl
Minseln
Nordschwaben
Bergalingen
Rickenbach
Oberwihl
Eisenbachhöhl
Buch
Obereichsel
Hemmet
Schachen
Riedmatt
Schwörstadt
Willaringen
Rotzel
Albbruck
Karsau
Öflingen
Hänner
Hochsal
Beuggen
Brennet
Egg
Oberhof
Rippolingen
Harpolingen
Binzgen
Grunholz
Hauenstein
Schwarzwald
Hotzenwald
Höllental

Waldshut S. 143
Urach
Hammereisenbach-Bregenbach
Tannheim
Klengen
Grüningen
Wolterdingen
Aufen
Donaueschingen
Eisenbach (Hochschwarzwald)
Bubenbach
Mistelbrunn
Hubertshofen
Oberbränd
Unterbränd
Kirnbergsee
Schellenberg
Allmendshofen
Riedsee
Donau
Neustadt
Friedenweiler
Bräunlingen
Grafenhalde
Hüfingen
Sumpfohren
Dittishausen
Behla
Schanz
Rötenbach
Löffingen
Döggingen
Hausen vor Wald
Hornberg
Kappel
Unadingen
Opferdingen
Riedböhringen
Göschweiler
Reiselfingen
Bachheim
Mundelfingen
Lenzkirch
Holzschlag
Wutach
Ewattingen
Blumberg
Gündelwangen
Dornhag
Achdorf
Buchberg
Schluchsee
Münchingen
Wanne
Bonndorf im Schwarzwald
Faulenfürst
Lausheim
Blumegg
Seebrugg
Ebnet
Wellendingen
Lembach
Fützen
Rothaus
Dillendorf
Grimmelshofen
Hochwald
Hochstaufen
Grafenhausen
Schwaningen
Wittlekofen
Wangen
Weizen
Begginger
Staufenkopf
Bühl
Bettmaringen
Schleitheim
Birkendorf
Stühlingen
Ühlingen-Birkendorf
Mauchen
Brenden
Hürrlingen
Riedern am Wald
Ühlingen
Obermettingen
Untermettingen
Berau
Schlücht
Eggingen
Nöggenschwiel
Krenkingen
Ofteringen
Aichen
Degernau
Indlekofen
Weilheim
Detzeln
Wutöschingen
Horheim
Rechberg
Schwerzen
Waldshut
Unterlauchringen
Oberlauchringen
Ettikon
Kadelburg
Rietheim
Koblenz
Küssaberg
Bechtersbohl
Dangstetten
Rheinheim
Gippingen
Klingnau
Bad Zurzach
Döttingen
Reckingen
Stetten
Hohentengen
Günzgen
Herdern
Eglisau
Lottstetten
Rhein
Pforzheim
Freudenstadt
Freiburg
B 500
5
8
81

TIPPS

GOTTESDIENST UND KIRCHEN

Gottesdienst im Grünen
Zahlreiche Angebote von Frühjahr bis Herbst für „Kirche im Grünen" im Schwarzwald (Württemberg):
www.kirche-im-gruenen.de

Ev. Landeskirchen
Evangelische Landeskirche Württemberg
Gänsheidestr. 4
70184 Stuttgart
Telefon 0711-21490
www.elk-wue.de

Evangelische Landeskirche Baden
Blumenstr. 1–7
76133 Karlsruhe
Telefon 0721-91750
www.ekiba.de

Kath. Diözesen
Diözese Rottenburg-Stuttgart
Eugen-Bolz-Platz 1
72108 Rottenburg
Telefon 07472-1690
www.drs.de

Erzdiözese Freiburg
Schoferstr. 2
79098 Freiburg
Telefon 0761-21880
www.ebfr.de

NATURSCHUTZGEBIETE

Naturpark Schwarzwald Mitte/Nord
Im Haus des Gastes
Hauptstraße 94
77830 Bühlertal
Telefon 07223-9577150
www.naturparkschwarzwald.de

Naturpark Südschwarzwald
Dr.-Pilet-Spur 4
79868 Feldberg
Telefon 07676-933610
www.naturpark-suedschwarzwald.de

Nationalpark Schwarzwald
Schwarzwaldhochstr. 2
77889 Seebach
Telefon 07449-929980
www.nationalpark-schwarzwald.de

Biosphärengebiet Schwarzwald
Brand 24
79677 Schönau im Schwarzwald
Telefon 07673-889 4024370
www.biosphaerengebiet-schwarzwald.de

WANDERVEREIN

Schwarzwaldverein e. V. – Hauptverein
Schlossbergring 15
79098 Freiburg
Telefon 0761-380530
www.schwarzwaldverein.de

AUTORENKONTAKT

Wer Anregungen oder Tipps hat, kann sich auch gerne an den Autor **Andreas Steidel** wenden:
andreas.steidel@evanggemeindeblatt.de